KB098678

마르크스주의와
국가자본주의론

마르크스주의와
국가자본주의론

마르크스의 자본주의 분석을
소련·중국·북한에도 적용할 수 있을까?

톰 오링컨 지음 | 천경록 옮김

책갈피

State Capitalism and Marxist Theory: A survey of the literature by Tom O'Lincoln
First published 1984 by Socialist Action
ⓒ Tom O'Lincoln

Korean translation edition ⓒ 2022 by Chaekgalpi Publishing Co.
톰 오링컨과 맺은 협약에 따라 이 책의 한국어 판권은 책갈피 출판사에 있습니다.

마르크스주의와 국가자본주의론

마르크스의 자본주의 분석을
소련·중국·북한에도 적용할 수 있을까?

지은이 | 톰 오링컨
옮긴이 | 천경록

펴낸곳 | 도서출판 책갈피
등록 | 1992년 2월 14일(제2014-000019호)
주소 | 서울 성동구 무학봉15길 12 2층
전화 | 02) 2265-6354
팩스 | 02) 2265-6395
이메일 | bookmarx@naver.com
홈페이지 | chaekgalpi.com
페이스북 | facebook.com/chaekgalpi
인스타그램 | instagram.com/chaekgalpi_books

첫 번째 찍은 날 2022년 4월 15일

값 8,000원
ISBN 978-89-7966-222-1

잘못된 책은 바꿔 드립니다.

 _____ **차례**

머리말   7

1장 자본주의란 무엇인가?   11

2장 후기 자본주의와 제국주의   24

3장 러시아에서 무슨 일이 있었나?   39

4장 소련 제국주의와 트로츠키주의의 위기   55

5장 소련에 관한 토니 클리프의 분석   69

6장 연속혁명   89

7장 임금노동   102

8장 경제 위기   118

후주   135

찾아보기   141

일러두기

1. 인명과 지명 등의 외래어는 최대한 외래어 표기법에 맞춰 표기했다.

2. 《 》부호는 책과 잡지를 나타낸다. 논문은 " "로 나타냈다.

3. 본문에서 [ ]는 옮긴이나 편집자가 독자의 이해를 돕거나 문맥을 매끄럽게 하려고 덧붙인 것이다. 인용문에서 지은이가 덧붙인 것은 [― 지은이]로 표기했다.

4. 본문의 각주는 옮긴이나 편집자가 넣은 것이다.

머리말

이 책을 쓴 목적은 상당히 구체적이고 제한적이다.

나는 국가자본주의를 다룬 길고, 어렵고, 어떤 면에서는 낡기까지 한 토니 클리프의 책과[*] 개설서로 쓰인 소책자들 사이에 간극이 있다고 오랫동안 느껴 왔다. 국가자본주의 이론 전반을 간결하게 정리해 주면서도 심화 학습을 원하는 독자에게 적합한 글이 필요했다.

나는 관련 문헌을 살펴보는 형식으로 그런 글을 쓰고자 했다. 6장과 7장의 일부 내용을 제외하면 이 책에 새로운 주장은 전혀 없다. 나는 단지 남들이 쓴 것을 요약했을 뿐이다.

그 결과 논지 전개가 다소 교조적으로 느껴질 수도

---

[*] 국역: 《소련은 과연 사회주의였는가?》, 책갈피, 2011.

있다. 나는 고전 마르크스주의의 기본 전제들은 당연한 것으로 취급했는데, 때로는 구체적 현실을 살펴보기보다 마르크스의 텍스트와 부합하는 형식상 "올바른 노선"을 정립하는 데 더 골몰하는 것처럼 비칠 수도 있다. 이는 이 책의 목표가 제한적이라는 점에서 일부 기인하는 것이다. 그러나 주제의 특수한 성격 때문이기도 하다.

소련이 억압적 사회라는 점은 오늘날 좌파들도 널리 인정한다. 쟁점이 되는 것은 마르크스가 자본주의 사회를 분석하려고 《자본론》에서 발전시킨 개념과 분석 방법이 소련 같은 사회에도 적용될 수 있는지, 적용 가능하다면 어떻게 적용되는지다. '소련 문제'를 둘러싼 논쟁들은 이처럼 경전 해석처럼 보이는 논쟁으로 언제나 되돌아오는데, 진지한 혁명가는 이런 논쟁에도 얼마든지 대처할 수 있어야 한다.

그도 그럴 것이, 만약 인간의 자유가 부정되고 위압적 관료가 지배하는 소련 사회가 어떤 이유에서든 "사회주의"거나 사회주의로 이행하는 중이라고 한다면 마르크스주의가 인간 해방의 철학이라는 명제는 의문

시될 수밖에 없기 때문이다. 반면, 이런 사회도 **자본주의**로 이해될 수 있다면(비록 서방에 있는 익숙한 종류의 자본주의와는 사뭇 다르긴 해도) 마르크스주의 계급투쟁 이론에 근거한 혁명 전략과 인류 해방 프로젝트는 가능할 뿐 아니라 필요한 것이 된다.

마지막으로 이 책의 한계를 하나만 더 지적하자면, 나는 국가자본주의 이론을 요약하고 그와 관련된 한두 가지 논쟁을 다뤘지만 그 이론을 1980년대의 사건들에 적용하려 하지는 않았다. 그랬다가는 연구 범위가 너무 넓어졌을 것이다. 유독 국가자본주의로 발전하지 못한 니카라과 혁명, 중국의 경제 개방 같은 사건들은 별도의 만만찮은 연구가 필요할 것이다.

1984년 2월
톰 오링컨

현대 국가는 그 형태가 무엇이든 본질적으로 자본주의적 기구이고, 자본가들의 국가이며, 일국 총자본의 관념적 인격화다. 국가가 생산력을 더 많이 자기 수중에 넣을수록 국가는 진정한 총자본가에 더 가까워지고, 더 많은 시민을 착취하게 된다. [국가에 고용된] 노동자는 여전히 임금노동자인 프롤레타리아다. 자본주의적 관계는 철폐되기는커녕 그 극한까지 밀어붙여진다.[1]

— 프리드리히 엥겔스

우리나라는 시장의 지배를 받는 사회주의 계획경제다.[2]

— 헝가리 중앙은행 부총재 야노시 페케테

1장
자본주의란 무엇인가?

카를 마르크스는 현대 경제의 작동 원리를 규명한 자신의 역작에 '자본'이라는 간명한 제목을 붙였다. 그런데 자본이란 무엇인가?

자본 하면 대다수 사람들은 돈이나 자산(건물·설비·자재) 같은 사물을 떠올린다. 사실 자본의 형태는 다양해서, 각종 상품 더미의 형태를 취할 수도 있다. 그렇지만 자본을 이렇게 바라보는 것은 피상적 관점이다. 마르크스에 따르면 자본이란 "사물이 아니라 특정한 역사적 사회구성체에 속하는 특정한 사회적 생산관계이며, 이 생산관계가 사물에 표현돼 이 사물에 하나의 특수한 사회적 성격을 부여하고 있을 뿐이다."[1]

자본과 이를 중심으로 구축된 자본주의 사회를 분

석하려면 사회관계에서 출발해야 한다. 오늘날의 세계 경제 속에서는 부를 생산하기 위해 수많은 사람들이 상호작용한다. 그런데 이런 상호작용은 결코 의식적이고 계획되는 조화로운 협력이 아니다. 오히려 그 속에서 일부 사람들은 나머지를 착취하며, 아무도 전체 과정을 통제하지 못한다. 그 결과 사람들은 서로에게서 소외될 뿐 아니라 자기 노동의 산물로부터도 소외된다.

노동자들이 창조한 것들이 그들에게서 박탈돼 노동자들에게 낯선 대상이 된다. 나아가 그 피조물들이 외부의 힘으로서 되돌아와 오히려 창조자들을 지배하게 된다. 예를 들면 인간 노동의 산물은 시장에서 교환되는데, 그 교환 과정에 대해 노동자들 자신은 아무런 통제권이 없다. 오히려 시장의 등락이 노동자와 그 외 사람의 삶을 좌우한다. 마찬가지로 인간이 자신의 노동으로 복잡한 기계를 만들지만, 생산 현장에서는 인간이 그 기계에 지배당한다. 가장 중요한 것으로, 인간의 노동은 끊임없이 더 많은 상품과 생산수단을 축적해야 한다는 압력에 종속된다.

그래서 마르크스는 자본주의에서 "노동의 사회적

성격은 생산물 자체의 객관적 성격인 양 비치고"[2] "인간이 생산과정을 지배하는 것이 아니라 생산과정이 인간을 지배한다"고[3] 썼다.

마르크스는 이 상황을 또 다른 각도에서도 조명했다. 그에 따르면 인간의 과거 생산물은 과거의 노동이 체화된 것이므로 자본주의 사회에서는 "죽은 노동"이 산 노동을 지배한다. "자본은 죽은 노동인데, 이 죽은 노동은 흡혈귀처럼 오직 살아 있는 노동을 흡수함으로써만 활기를 띠며, 그것을 많이 흡수하면 할수록 점점 더 활기를 띤다."[4] 이런 관점에서 보면 자본은 과거의 우리(와 옛 세대)가 수행한 노동과 지금의 우리 자신 사이의 관계로 나타난다. 사물에 우리가 예속돼 있다는 것은 우리가 과거에 예속돼 있다는 뜻이다. 따라서 우리는 우리 자신에 의해 노예가 되며, 이런 소외 상태는 우리가 노동 생산물에 노예처럼 예속된 모습으로 표현된다.

이 같은 상황은 사람들의 자발적 묵인에 기대서는 지속될 수 없다. 우리가 우리 자신의 과거 노동에 예속되기 위한 필요조건은 사회의 특정한 집단, 즉 지배계급이 그런 예속을 주관하는 것인데, 지배계급은 그렇게 함으로써 인간 노예화의 화신이 된다. 그러나 지배자들은 현 상태를 그저 있는 그대로 유지하려고만 하지는 않는다. 그들은 또한 산 노동을 착취해서 죽은 노동을 축적하고 집적하려 애쓴다.

마르크스의 다음 인용문은 지금까지의 논지를 요약·정리해 준다.

자본은 생산된 물질적 생산수단의 합계가 아니다. 자본은 생산수단이 자본으로 전환된 것인데, 생산수단 자체가 자본이 아닌 것은 금·은 자체가 화폐가 아닌 것과 마찬가지다. 자본은 사회의 일부가 독점하고 있는 생산수단, 즉 산 노동력에서 자립해 산 노동력과 대립하는 노동력의 생산물이자 활동 조건인데, 이것들이 이 대립을 통해 자본으로 인격화된다.[5]

정리하자면, 자본은 사회적 관계다. 그러나 자본이 다양한 형태를 취한다는 점을 보면 그것은 결코 정태적 관계는 아니다. 자본주의 기업은 기계, 노동력, 원자재 등에 돈을 투자한다. 이어지는 노동과정을 통해 기업은 상품을 생산해 내고, 이 상품은 시장에서 팔린다. 판매로 획득된 이윤은 다시 투자될 것이다. 따라서 자본은 "단순히 관계가 아니라 과정이며, 그 과정의 여러 국면을 거치는 도중에도 언제나 자본이다."[6]

현대 사회에서 이 같은 자본의 순환 과정은 매우 복잡해졌고 전 세계 수준에서 이뤄진다. 무엇 때문에 그것이 가능하며 또 필요해지는가?

자본주의적 생산·교환 체제가 성립하기 위한 기본 요건은 노동계급의 산 노동이다. 상품은 인간 노동의 산물이며, 자본가들이 그 모든 수고를 들여 얻고자 하는 이윤은 그 노동을 착취한 결실이다. 우리는 실제 노동과정과 그 과정 속의 행위자들이야말로 자본주의 체제의 핵심 동력이고 따라서 자본주의에 대한 모든 분석의 출발점임을 잊어서는 안 된다. 사실 노동력 자체도 자본의 여러 형태 중 하나다. 마르크스는 노동력의 창조적 작용이 기존 자본의 크기에 변화(보통은 증가)를 가져올 수 있다는 의미에서 노동력을 "가변자본"이라 불렀다.

경쟁과 축적

이윤 추구는 자본주의 성장과 발전의 원동력이라고 흔히 여겨지는데, 어떤 점에서는 분명 사실이다. 그러나 기업주들이 이윤을 추구하는 이유는 단지 개인 재산을 불리기 위해서가 아니다. 지배계급은 어느 시대에나 호화로운 삶을 영위하고자 했으니 이는 자본주의의 특수한 면모라 할 수 없다. 오히려 자본가계급은 이 점에서는 비교적 절제된 편이다. 체제의 동역학 자체가 자본가들로 하여금 이윤을 대부분 재투자해 자본 증식을 꾀하도록 떠밀기 때문이다. 자본가에게는 "개인적 소비가 축적에 대한 도둑질이 된다."[7]

자본축적이야말로 자본주의 체제의 목적이자 강압적 원동력이다. 자본축적은 기업들이 무슨 수를 써서든 성장하려고 아등바등하게 만드는 경쟁의 필연적 결과다. 기업들이 성장에 목매는 것은 단지 이 과정의 승자가 패자들보다 부유하고 강력해져서가 아니다. 자본주의 경제에 주기적으로 찾아오는 위기 국면에서는 덜 효율적인 기업들이 파산해 더 센 기업들에게 잡아

먹히기 때문이다. 따라서 어떤 기업이든 생존하려면 더 성장하고 더 효율적으로 돼야 하며, 이 과정에는 끝이 없다. 그래서 마르크스는 체제의 핵심 성격을 다음의 유명한 구절로 요약했다.

> 축적하라, 축적하라! 이것이 모세와 예언자들의 가르침이다! … 그러므로 절약하라, 절약하라! 다시 말해, 잉여가치 또는 잉여생산물의 가능한 한 많은 부분을 자본으로 전환하라! 축적을 위한 축적, 생산을 위한 생산. … 고전파 경제학에서 프롤레타리아는 잉여가치를 생산하는 기계일 뿐이라면, 자본가도 역시 이 잉여가치를 추가 자본으로 전환시키는 기계일 뿐이다.[8]

자본가들은 표면적으로는 사회의 지배자들인 것처럼 보이지만, 사실은 사회의 운동 과정 전체를 통제하지 못한다. 오히려 그들은 자체의 생명력을 가진 축적 과정을 보조하는 "기계일 뿐"이다. 위 인용문의 2쪽 앞에서 마르크스는 자본가를 "인격화된 자본"이라 규정했고, 같은 표현을 그의 저작 여러 군데에서 사용한다.

사유재산의 문제

그럼에도 자본가들은 생산수단을 사적으로 소유해 이 사회에서 중추적 구실을 하지 않는가? 또한 공장에 대한 사적 소유야말로 자본주의만의 고유한 특성 아닌가? 이는 분명 자본주의에 대한 통념적 사고다. 그러나 정작 마르크스의 생각은 전혀 달랐다. 마르크스는 자본주의 체제의 역사 전체가 "개인적 사유재산의 부정"을[9] 수반했다고 지적한다.

자본주의가 처음 등장할 때부터 인구 대다수는 사적으로 소유하던 생산수단을 박탈당했다. 작업실을 소유한 장인, 소박한 농기구를 가진 소농은 대공업과 대형 농장에 자리를 내줬다. 일하는 사람들이 더는 생산에 필요한 도구들을 소유하지 않게 되는 한편, 사회의 소수인 부르주아지가 이런 도구를 독점하게 됐다.

이렇듯 널리 개인들이 사적으로 소유하던 생산수단이 소수의 손으로 집중됐다. 그러나 이런 형태의 자본주의적 사유재산이 확립되자마자 체제의 동역학이 그것마저 허물어뜨리기 시작했다. 앞서 언급했듯이, 경쟁과 특히 주기적 위기를 겪는 과정에서 일부 기업은 파산해 다른 기업에 잡아먹힌다. 그 결과 시간이 흐를수록 극소수에게 자본이 집중된다. 또한 어느 시점에 이르면 경쟁에 필요한 자본 규모가 너무 커져서 자본가들이 주식회사의 형태로 자본을 합치게 된다. 마르크스는 이렇게 되면 사적 자본이 아니라 "사회적 자본"이 우세해지고 "실제 기능하는 자본가는 단순 관리자로 변모한다"고 했다.[10]

"사회적 자본"은 주식회사 이외에 다른 형태로도 등장한다. 한 가지 두드러진 사례는 호주에 많이 있는 AMP 같은 생명보험 상호회사다. 이들이 "상호"회사인 것은 사적 소유주가 없고, 보험 가입자들이 소유한 협동조합이기 때문이다. 가입자 수가 200만 명이 넘는 AMP의 경우 소유 구조가 극도로 분산돼 있다.*

생명보험 상호회사들은 거의 모든 자산을 대규모 부동산 개발업, 광업, 제조업, 금융업 등 장기 프로젝

---

* 이 글이 나온 뒤인 1998년에 AMP는 주식회사로 전환됐다.

트에 투자하기 때문에 중요하다. 호주에서는 4개 상호
회사가 200억 달러 상당의 장기자본을 운용하는데,
이는 호주 생산자본의 큰 부분을 차지한다.

상호회사들은 비록 형식적으로는 보험 가입자들의
소유지만 실제로는 부르주아지의 주요 인사들이 포진
한 이사회의 **지배를** 받는다.

현대 자본주의에서 이런 유형의 기업 지배 구조가
흔하다는 것을 감안하면 프리드리히 엥겔스가 이미
19세기 말에 사적 자본주의라는 개념 자체가 무의미
해지고 있다는 생각을 다음과 같이 내비친 것도 무리
가 아니다.

내가 아는 자본주의적 생산은 하나의 사회형태이고 경
제적 단계다. 그리고 자본주의적 사적 생산은 그 단계
안에서 이런저런 방식으로 나타나는 현상의 하나다. 그
렇다면 자본주의적 사적 생산은 무엇을 의미하는가?
사업가 1인에 의한 생산을 말하는데, 이는 알다시피 갈
수록 희귀한 일이 되고 있다. 유한회사를 통한 자본주
의적 생산은 이미 더는 사적 생산이 아니라 여러 사람

이 집합해 하는 생산이다. 더 나아가 아예 개별 산업부문을 통제하고 지배하는 트러스트의 경우는 사적 생산의 종말을 의미할 뿐 아니라 무계획성의 종말을 의미하기도 한다.[11]

이런 사회화·집중화 과정이 어디까지 갈 수 있을까? 분명 마르크스와 엥겔스는 그 과정이 너무 진척되기 전에 사회주의 혁명이 썩은 체제를 지구상에서 깨끗이 쓸어 없앨 거라 기대했다. 그럼에도 그들은 자본집중이 이론상으로는 극한까지 갈 수 있다고 봤다.

한 산업부문에서, 거기에 투하된 모든 개별 자본이 단하나의 자본으로 합병한다면 집중은 극한에 도달할 것이다. 한 사회에서는 사회적 자본 전체가 한 사람의 자본가나 하나의 자본주의적 기업의 수중으로 통합될 때에만 이런 극한에 도달할 것이다.[12]

마르크스는 자본의 집중과 사회화가 사회주의의 기초를 닦는 중요한 과정의 하나라고 여겼다. 그가 보기에는 거대하고 통합된 경제구조가 국가적 수준에서, 나아가 세계 수준에서 구축되고 있었다. 동시에 거대 작업장 단위로 조직되고 집단적으로 일하도록 훈련된 거대한 프롤레타리아가 등장하고 있었다. 이렇게 자본은 "사회적 자본의 형태를 직접 띠게"[13] 됐고 그 결과 "흡족하게도 장래에 사회 전체가 [자본을] 몰수하기 위한 탄탄한 길이 다져졌다."[14]

마지막으로 짚고 넘어갈 쟁점이 하나 있다. 마르크스는 사회주의로의 이행 과정에서 아직 형식적으로는 사유재산이지만 실제로는 "사회화된" 자본이 당연히 국가 소유로 완전히 넘어갈 것이라 내다봤다. 그렇지만 여기서도 그가 강조한 것은 사유재산과 그것의 철폐가 아니었다. 중요한 것은 사람들 사이의 관계가 바뀌는 것이다. 《공산당 선언》에서 마르크스와 엥겔스는 "노동자 혁명의 첫걸음은 프롤레타리아를 지배계급의 위치로 끌어올려 민주주의를 쟁취하는 것"이라고 썼다.[15] 이 과업이 달성되고 나면 국유화는 점진적으로 따라온다는 것이다.

그러나 마르크스는 국유화가 그 자체로 자본주의

의 철폐를 뜻한다고 보지는 않았다. 그는 초기 저작들에서 그런 관점에 근거한 이런저런 기획들을 "조야한 공산주의"라며 조롱했다. 조야한 공산주의는 포장만 바꾼 자본주의이고, "사유재산이 그 추악함을 감춘 채 긍정적 공동체의 지위를 획득하려는 시도"라면서 말이다. 마르크스가 이와 대립시킨 그 자신의 공산주의적 비전은 인간관계의 총체적 변혁을 수반하는 해방의 비전이었다.

공산주의는 인간의 자기 소외와 다름없는 사유재산을 확실히 극복함을 의미하며, 따라서 인간에 의한, 인간을 위한 인간 본질의 진정한 획득을 의미한다. 공산주의는 인간이 자신의 사회적 존재, 즉 인간적 존재를 온전히 되찾는 것이다.[16]

2장
후기 자본주의와 제국주의

자본주의는 세계 체제다. 마르크스와 엥겔스는 이미 1848년에 《공산당 선언》에서 다음과 같이 지적했다. "부르주아지는 공업의 발 밑에서 국민적 기반을 제거했다. ⋯ 오래된 국민적 산업이 ⋯ 새로운 산업에 밀려나고 그 새로운 산업을 도입하는 것이 모든 문명국에게 사활적 문제가 된다. 신생 산업들은 이제 국내에서 생산되는 원료가 아니라 먼 지역에서 생산되는 원료를 가공하며, 그 생산물은 자국 내에서만이 아니라 모든 대륙에서 소비된다."[1]

《공산당 선언》이 나왔을 당시만 해도 국제화는 이미 존재하는 현실이라기보다는 경향성에 가까웠다. 그러나 20세기 초에 이르러 국제화는 전반적 현실이 됐다. 새로운 시장·원자재·투자처를 확보해야 했던 유럽 열강은 거의 온 지구를 자신들끼리 분할했다. 뒤늦게 입장한 미국과 일본은 독기를 품고 경주에 달려들었다.

자본주의의 이 같은 국제화는 체제 내부의 변화가 불러온 대응이었다. 1870년대와 1880년대의 '대불황'은 마르크스가 자본주의 경제의 핵심 모순이라고 분석한 이윤율 하락 경향이 체제의 성장 능력을 위협할 지경까지 발전했음을 드러냈다.

불황은 두 가지 경로로 극복됐다. 한편으로 미국과 독일 등지에서는 파산과 합병 물결이 일면서 '독점자본주의'가 부상했다. 이런 구조조정 덕에 잠시 이윤율이 회복됐다. 다른 한편으로 영국은 자기 제국을 안전하고 보호받는 시장이자 투자처로 이용했다.

이 두 가지 해법이 서로 갈마들고 확대된 결과 레닌이 《제국주의》에서 분석한 자본주의 발전 양상이 나타났다. 거대 독점기업과 카르텔과 트러스트의 등장, 제국들의 세계 분할, 그리고 그런 각축전에서 한몫 챙기기 위해 필요한 국민국가와 자본 간의 긴밀한 결탁 등을 레닌은 새로운 단계에 이른 자본주의의 특징으로 규정했다.

이 과정은 제1차세계대전 중에 최고조에 달했다. 제1차세계대전이 서로 경쟁하는 제국주의 블록들 간의 사생결단이 될 것이 분명해지자 모든 국가는 개별 자본의 생산 활동을 전쟁 수행에 종속시킬 무소불위의 권한을 갖게 됐다. 레닌과 부하린은 이를 근거로 "국가독점자본주의", "국가자본주의 트러스트", 또는 "국가자본주의"의 출현을 말했다. 그러나 전쟁이 끝나자 대부분의 국가가 무대의 중앙에서 물러났고, 레닌과 부하린의 테제는 다소 때 이른 것으로 판명났다. 사실 레닌-부하린 테제는 당시보다 오늘날의 현실에 더 들어맞는데, 이에 관해서는 뒤에서 살펴보기로 한다.

어쨌든 간에 모종의 '독점자본주의'는 사라지지 않았고 1930년대 대불황을 거치며 큰 부양력을 얻었다. 대불황 초기에는 대다수 전문가들이 수년 내의 회복을 점쳤다. 그러나 1932년에 이르자 국민경제들을 회생시키려면 극단적 조치가 필요하다는 것이 명백해졌다. 이에 대다수 강대국들은 국가 개입을 강화하는 길로 나아갔다.

미국의 뉴딜은 비교적 절제된 형태의 국가 개입이었고 그에 따라 효과도 제한적이었다. 반면 독일의 나치 정권은 훨씬 더 과감한 국가 개입으로 1936년에 이르러 1929년의 생산량 수준을 회복했다. 일본에서는 1868년부터 국가가 경제 발전을 주도했기에 이미 완성된 '국가독점자본주의'로서 1930년대의 위기를 맞이했고, 다른 나라들보다 2년 일찍 대불황에서 탈출했다.

국가의 구실이 클수록 경제 회복도 빨랐다. 이 시기에 단연 가장 성공적이었던 국민경제는 소련 경제다. 전체주의적 독재 정권과 국유 산업이 막대한 산업 성장을 이끌었다. 세계 산업 생산에서 소련이 차지하는 비중은 1929년 4퍼센트에서 1939년 12퍼센트로 뛰었다.

집중화와 국가자본주의로 가는 경향의 이 두 번째 약진은 다시금 무력 갈등으로 치달았다. 제2차세계대전은 진정한 '총력전'이었고, 그 와중에 사적 생산은 전쟁 승리라는 목표에 완벽히 종속돼야만 했다.

처음에 이 전쟁은 특정 거점을 지키거나 차지하기

위한 일련의 제한적 군사작전인 것처럼 여겨졌다. 그러나 머지않아 각국 지배계급의 생존이 걸린 전쟁임이 명백해졌다. 따라서 통상적 의미의 이윤 추구라는 목표는 군사적 목표에 종속돼야 했다. 마르크스주의 용어로 표현하자면 가치 생산이 사용가치 생산에 종속된 것이다.

그렇다고 해서 자본주의 체제의 본질적 동역학이 바뀐 것은 아니었다. 개별 국민경제는 최대한 빨리 축적해야 했는데, 바로 다른 국민경제들도 똑같이 하고 있었기 때문이다. 이전과 달랐던 점은 축적의 목적이 시장에 팔 생산수단과 소비재의 생산이 아닌 전장에서 쓸 파괴 수단의 생산에 있었다는 점이다.

이런 전환이 가능했던 것은 오로지 국가가 나서서 자본가계급 전체를 단속하고 핵심 산업체들을 국가의 통제 아래 뒀기 때문이다.

전쟁이 끝나자 국가자본주의 체제의 일부 극단적 면모는 (동구권을 제외하면) 사라졌다. 그러나 다른 많은 측면들은 뒤이은 냉전 시대에도 살아남았다. 전후 경제 호황에서 군비 지출이 차지하는 비중이 어찌

나 컸던지, 냉전이 없었더라면 일부러 냉전을 만들어
내기라도 해야 할 판이었다. 또한 미국이 군비경쟁에
막대한 돈을 계속 퍼붓는 이상 미국보다 훨씬 경제가
작은 소련은 뒤처지지 않기 위해서라도 국민생산의
훨씬 큰 몫을 군비 지출에 쏟아부어야 했다.

　레닌과 부하린이 이미 20세기 초에 주목했던 특징,
곧 제국주의적 이해관계를 수호·확장하기 위해 국가
와 산업이 융합·발전하는 경향, 즉 '국가자본주의'로
가는 경향은 전후 시대에 모종의 영속성을 띠게 됐다.
이런 경향에 관해서는 특히 부하린의 분석을 살펴보
는 것이 유익할 텐데, 그의 저술이 비록 20세기 초에
는 다소 때 이르긴 했지만 오늘날에는 훨씬 더 시의적
절하기 때문이다.

부하린의 국가자본주의론

　레닌은 "부하린의 저작이 갖는 과학적 의의는, 특히
그가 전체로서 제국주의, 최고로 발전한 자본주의의

일정 단계로서 제국주의와 관련된 세계경제의 기본적 사실들을 관찰했다는 데 있다"고 썼다.[2]

부하린은 두 가지 기본적 경향에 주목했다. 첫째는 "국제화"다. 부하린은 자본주의가 진정 세계적인 체제가 됨에 따라 이전에 국민경제 내에서 드러났던 체제의 전형적 특성들이 이제 세계 수준에서 재등장하고 있다고 봤다.

그는 노동의 국제적 이동성 증대로 인해 노동력이 그 가치에 근접한 가격에 팔릴 수 있게 된다고 했다. "모든 자본주의적 관계의 한 극인 노동력의 이동에 조응하는 것은 또 다른 한 극인 자본의 이동이다. 전자의 이동 과정이 임금수준의 평균화 법칙에 의해 규제되는 것과 마찬가지로, 후자에서는 이윤율의 국제적 균등화가 일어난다."[3] 그 결과 저개발국으로 자본이 수출된다.

그러나 "국제화" 과정과 동시에 그와 모순되는 "국민국가화" 과정이 나타난다. 부하린이 이 표현에 담고자 한 의미는, 당초 국민국가의 경계 속에서 나타났던 자본주의적 경쟁과 교환의 전형적 양상들이, 국가와 긴

밀히 연계된 일사불란하고 집중화된 독점 구조로 대체된다는 것이다. "사회적 규모에서 전체 과정을 보면, '국민'경제가 단일한 결합기업으로 바뀌는 경향을 보이게 된다."[4] 이 거대 기업은 세계시장에서 다른 국민경제들과 생사를 건 쟁투를 벌이게 된다. 경쟁은 다양한 형태를 띨 수 있어서, 종래의 시장 경쟁 이외에도 자원과 영토, 노동력을 차지하기 위한 대결이 벌어진다. 또 최후 수단으로 군사력이 동원되기도 한다.

부하린은 독점이 성장함에 따라 종래의 시장 경쟁도 그 형태가 바뀌면서 기업 간 경쟁의 새로운 형태들로 대체되는 경향이 생긴다고 지적했다.

개별 기업들 사이의 투쟁은 일반적으로 가격 인하 방식으로 벌어진다. … 트러스트 간 투쟁이 개별 기업 간 투쟁을 대체하면 투쟁 수단이 … 일정하게 변화한다. 국내시장에서 낮은 가격이 사라지고 그 대신 높은 가격이 등장한다. 높은 가격은 해외시장에서 투쟁하는 데 유리하다. 해외시장에서 벌이는 투쟁의 수단은 국내시장의 높은 가격을 대가로 실현되는 [해외시장의] 낮은 가격이다. …

그러나 훨씬 더 격렬한 투쟁 사례도 있다. 우리는 여기서 미국 트러스트들 사이의 투쟁을 염두에 두고 있다. 이 사례에 적용되는 원리는 '법치국가'에서 허용되는 범위마저 훨씬 초월했다. 트러스트들은 철도 선로를 파괴하고 석유 수송관을 파손하고 폭파하기 위해 범죄 단체를 고용했다. 방화와 살인을 자행했다. 모든 사법 관계자를 포함한 정부 관료들을 광범위하게 직접적으로 매수했다. 서로서로 경쟁 진영에 간첩을 심었다. 기타 등등.[5]

일단 트러스트들이 국가와 밀접해지고 경쟁이 점점 국제화하게 되면 이와 똑같거나 비슷한 경쟁 방식을 국제적 무대에서, 국민국가의 힘을 빌려 수행하는 것은 자연스러운 수순이다.

국가자본주의 트러스트의 형성으로 경쟁은 거의 전적으로 대외적인 것이 된다. 분명히 바로 이 점 때문에 이런 '대외' 투쟁을 수행하기 위한 기구, 특히 국가권력이 극도로 강화돼야 한다. 자본주의에서 높은 관세의 중요성은 더욱 커지고 있다. 왜냐하면 높은 관세가 해외시장에서 국가자본주의 트러스트의 투쟁력을 강화하기 때문이다. … 국가 발주 사업에는 '국민' 기업만 낙찰되고, 온갖 기업들의 수입이 보장된다.[6]

여기서 한 걸음만 더 나아가면 실제 전쟁이 도래한다.

세계적 각축장의 정세가 긴장될수록 — 금융자본주의적 '국민' 집단들 간 경쟁의 긴장이 최고조에 달했다는 게 우리 시대의 특징이다 — 국가권력은 그만큼 빈번하게 무력에 호소한다. 낡은 자유방임 이데올로기는 흔적도 없이 사라지고, '신新중상주의' 시대, 제국주의 시대가 시작된다.[7]

국가자본주의, 가치법칙, 사회주의로의 이행

부하린이 보기에 국가자본주의, 제국주의, 전쟁은

동일한 현상의 각기 다른 측면들일 뿐이었다. 그리고 이 모든 측면들은 마르크스의 《자본론》이 다룬 "고전적" 자본주의 모델에 대한 부분적 부정이었다. 국민경제 내부에서는 종래의 시장 경쟁이 억제되고 있었고, 세계시장에서도 다른 형태의 경쟁과 궁극적으로는 전쟁에 자리를 내주고 있었다는 것이다. 이런 추세들이 어느 정도까지 마르크스의 가치법칙과 양립 가능한 것이었을까?

가장 단순한 버전의 가치법칙에 따르면, 상품은 그것을 생산하는 데 소요된 사회적 필요노동시간으로 정해지는 가치대로(혹은 그 가치에 가깝게) 팔린다. 마르크스는 《자본론》 3권에서 경제 부문 간 불균등 발전의 영향이 반영되도록 이 법칙을 수정했는데, 이에 따르더라도 가격의 움직임은 궁극에서 동일한 원리의 적용을 받는다. 또한 세계적 수준에서는 총생산물의 가치가 총가격과 일치한다. 두 버전의 가치법칙 모두 개방된 시장에서의 경쟁을 가정했다. 이 경우 생산의 목적은 사용가치가 아닌 교환가치 획득이다.

부하린은 가치법칙을 포함한 고전적 마르크스주의

의 경제적 개념들이 20세기 자본주의의 현실에 맞게 수정돼야 한다고 서슴없이 주장했다.

20세기가 도래하기 한참 전에 엥겔스도 다음과 같이 지적한 바 있다.

급속히 거대하게 팽창하고 있는 현대적 생산력이 자본주의적 상품 교환의 법칙들(이 테두리 안에서 생산력이 운동한다고 기대되고 있다)의 통제로부터 벗어나고 있다는 사실은 오늘날 자본가들의 의식에까지도 점점 더 새겨지고 있다.[8]

엥겔스는 관세 부과와 트러스트의 형성을 염두에 두고 이렇게 말한 것이었다. 그러나 부하린은 이 주장에서 크게 한 걸음 더 나아갔다. 앞서 살펴봤듯이 자본의 집중은 자본주의가 사회주의의 토대를 구축하는 과정의 일부다. 당연하게도 이 과정은 고통을 수반한다. 부하린은 국가자본주의와 전시戰時경제의 부상이 자본주의의 최종적 위기 시대가 도래함을 의미한다고 했다. 즉, 자본주의는 죽어 가고 있다. 그렇다면 자본주의의 "법칙"들이 작동하지 않는 것도 무리가 아니다.

화폐적 관계, 가치 등등은 자본주의 경제의 일반적 범주들이고 '정상적' 시기에는 이런 범주들을 분석에 이용할 수 있다. 그러나 생산 체제가 '비정상적' 관계 속에 놓이면 사태는 달라진다. 다시 말해 신축적 균형이 성립할 조건들이 사라지는 것이다. 그 결과로, 분석을 수행하는 데서 가치 관계나 물신화된 관계들에 관한 범주를 적용하는 것은 방법론적으로 절대 용납할 수 없는 것이 된다.[9]

국가자본주의의 부상이 실제로 사회주의의 토대를 닦는 과정의 일부라면, 그 과정에서 가치법칙이 부차적이게 된다 해도 사실 이상할 것은 없다. 가치법칙은 자원이 경쟁적 교환 과정을 거치면서, [그 자원의 생산에 소요되는] 노동시간으로 결정되는 가치에 따라 경제주체들에게 배분된다고 가정한다. 판매되는 것들의 구체적 쓸모는 가치와는 무관한 것이다. 이와 대조적으로 경쟁이 사라진 사회주의 사회에서는 각종 재화가 그 것의 생산에 소요된 노동시간과는 무관하게 현실적 필요에 따라 사람들에게 제공될 것이다. 국가자본주 의 사회에서 경쟁이 억제되고 계획이 확장되는 것은 그런 사회로 나아가는 한 걸음이라 볼 수 있다.

부하린의 표현을 빌리자면, 국가자본주의를 분석할 때는 "사물과 노동력의 자연적 형태를 받아들여 이를 계산의 단위로 삼아야 하고, 사회 자체를 자연적 사물 의 성격을 띠는 요소들의 조직체로 바라봐야 한다."[10]

이런 정식화를 무비판적으로 적용하는 것은 위험 할 것이다. 우선 부하린의 관점은 현실의 사태 발전 속도를 턱없이 앞질러 갔다. 둘째로 그는 "과도기 경제 학"을 국가자본주의에서 사회주의 혁명으로 순조롭게 나아가는 연속적 과정에 관한 이론으로 취급했다. 사 회주의 혁명이 아직 요원한 시기를 살아가는 우리로 서는 이보다 신중할 필요가 있다. 마르크스가 개발한 범주들은 현대에도 여전히 유효하며, 조금 변형하면 소련에도 적용 가능하다. 그러나 국가자본주의는 자 본주의 발전의 후기 단계에 해당하고, 자본주의 철폐의 잠재적 기초를 닦는 자기부정 과정 속에 있기 때문에, 《자본론》의 범주들을 순수한 형태로 적용해서 분석하기는 더 어려워질 것이다. 사용가치의 직접 생산이 전보다 더 중요해질 것이다.

3장
러시아에서 무슨 일이 있었나?

소비에트 정권에 대한 태도 문제는 사회주의자들에게 언제나 핵심적 문제였다. 1917년 이래 러시아를 바라보는 관점이 서방 자본주의, 노동조합운동, 기타 계급투쟁 문제를 바라보는 관점도 규정짓게 되는 것을 우리는 거듭 보아 왔다.

그렇다면 러시아에서 무슨 일이 있었던 걸까? 1917년 10월 노동계급이 권력을 장악했지만 금세 권력을 다시 잃기 시작했다. 신생 볼셰비키 정권이 마주한 사회적 현실들을 고려하면 이는 전혀 놀라운 일이 아니었다.

러시아는 오랜 전쟁으로 피폐해진 빈국이었다. 1913년 러시아의 1인당 실질소득은 영국의 30퍼센트 정도였을 것이다. 영국 인구의 4.5퍼센트가 농업 종사자였던 데 비해 러시아 인구는 80퍼센트가 농민이었다. 게다가 전쟁 탓에 1914년과 1917년 사이 생활수준이 급락했다. 달리 말하면, 러시아에는 마르크스주의적 의미의 사회주의(궁핍을 벗어난 무계급 사회)를 건설하기 위한 물질적 기초가 존재하지 않았다. 또한 마르크스주의자들이 사회주의 건설의 잠재적 주역으로 여기는 사회 계급, 즉 산업 프롤레타리아가 인구 중 아주 소수였다. 실제로 러시아의 프롤레타리아는 농민과 연합해서만 권력을 장악할 수 있었는데, 이 농민운동의 발전 방향은 전혀 사회주의적이지 않았다. 자기 소유의 땅뙈기를 갖기 원했던 농민들은 그 꿈을 이뤄 준 "볼셰비키"를 반겼지만 장기적으로 자본주의를 넘어서려 한 "공산당"에 대해서는 갈수록 적개심을 품게 됐다.

레닌이 보기에 이런 나라에서 사회주의 건설은 외부의 도움 없이는 상상할 수 없는 일이었다. 10월 혁명 8개월 전에 그는 "러시아 프롤레타리아는 자신의 힘만으로 사회주의 혁명을 완수할 수 없다"고 썼다. 혁명 4개월 뒤 그는 "독일에서 혁명이 일어나지 않으면 우리는 파멸한다는 것이 절대적 진실"이라고 말했다. 한 해 뒤에 그는 "소비에트 공화국이 제국주의 강국들과 잠깐 이상 공존하는 것은 상상할 수 없다"고 썼다.[1]

이어진 내전은 러시아의 산업 기반을 더욱 황폐화했다. 노동계급은 1917년 300만 명에서 1921년 125만 명으로 수축됐다. 페트로그라드와 모스크바 인구는 반 토막 났다. 가장 투쟁적이고 의식적인 노동자들이 전선에서 목숨을 잃거나 행정 업무를 떠맡게 됐다. 이들의 빈 자리는 농민들로 채워졌다. 1917년의 혁명적 프롤레타리아는 소멸하다시피 했다.

이런 문제들은 어느 정도 예상할 만한 것들이었다. 볼셰비키는 외부의 도움으로, 즉 그들이 승리를 의심치 않았던 서유럽 혁명들의 도움으로 그런 난관을 극복할 수 있으리라 믿었다. 그러나 이런 기대는 잔인하게 짓밟혔다. 비록 유럽 전역이 혁명적 투쟁의 물결로 들썩이기는 했지만 러시아를 뺀 어디에서도 노동자들이 국가권력을 장악하고 공고화하지는 못했다.

볼셰비키는 도저히 버티기 힘든 처지에 놓였다. 한

편으로 당은 거의 해체된 거나 다름없는 노동계급을 대행해야 했고, 다른 한편으로는 사방이 적으로 둘러싸인 가운데 국가권력을 지탱하려 애써야 했다. 당초 혁명적 계급의 당이었던 볼셰비키는 계급들 위에 군림하며 계급들 사이에 균형을 맞추려 하는 집권당으로 변모해 갔다.

더군다나 크론시타트 수병 반란의 영향으로 볼셰비키는 일부 급진적 조처들을 황급히 거둬들이고 자본주의적 발전의 여지를 어느 정도 열어 줬다. 이때 도입된 '신경제정책', 즉 네프NEP는 최악의 물자 부족 사태와 경제의 병목현상만큼은 완화해 줄 것으로 기대됐다.

그러나 자본주의적 세력들을 살려 둔 결과 혁명이 새로운 위협들에 노출됐다. 사회주의 정권과 정면으로 대립하는 이해관계를 가진 부유한 농민 계층이 부상하기 시작했고 "네프맨"이라 불린 상인계급이 출현했다. 이런 사태 흐름의 압력 속에 볼셰비키 자체도 상시 분파들로 갈라지기 시작했다. 부하린이 주도한 우파는 신흥 자본가 세력들에게 폭넓은 양보 조처가 필요하다고 주장했다. 트로츠키가 이끈 좌파는 당의 노동계급 지향성을 다시 강화하고 노동자 민주주의를 부활시키려 했다. 둘 사이에는 스탈린 주도의 중간파가 있었다. 처음에 중간파는 중간에 끼어서 오락가락하는 별 볼 일 없는 집단으로밖에 안 보였지만, 시간이 지나면서 스탈린주의 경향이 결정적으로 중요해졌다.

레닌은 1924년에 죽기 전에 볼셰비키 정권이 "관료적으로 기형화"되고 있다고 말했다. 이는 노동계급의 능동적 참여 없이 국가기구의 주인 구실을 하게 된 볼셰비키의 독특한 위치에서 비롯한 문제였다. 스탈린의 중간파는 이런 "기형화"의 화신이었고, 결국에는 소련의 향방에 대한 독자적 비전을 지닌 강력한 관료적 분파로 떠올랐다.

스탈린은 "일국사회주의" 건설을 주창했다. 이것이 실천에서 뜻하는 바는 노동자와 농민을 희생시켜서 국가 부문을 급속히 공업화하는 정책이었다. 농업은 무자비하게 집산화됐고, 부농만이 아니라 많은 빈농도 그 과정에서 피해자가 됐다. 그중 많은 수가 도시로 내몰려 도시 노동인구에 흡수됐다.

노동자들은 가혹한 착취에 시달렸다. 경제학자 말

라페예프에 따르면 1928년의 실질임금을 100으로 잡았을 때 1932년에 실질임금은 88.6으로 하락했는데,[2] 십중팔구 이조차 실제 하락 폭을 과소평가한 것이다. 역사가 알렉 노브는 "1933년은 역사상 평화 시기에 생활수준이 가장 급격하게 하락한 해였다"고 지적한 바 있다.[3]

도시로 유입되는 신규 노동자들을 공장의 규율에 신속히 적응시키기 위해 탄압과 노골적 테러가 동원됐다. 정권은 국내 통행증을 도입해 이동을 제한했고, 노동자들에게 자신의 업무 태도에 대한 사용자의 평가가 적힌 근로 수첩을 소지하게 했으며, 결근과 지각에 무자비한 벌칙을 부과했다. 게다가 강제수용소에서의 노예노동은 워낙 악명 높아 말이 필요 없을 정도였다.

이 모든 과정은 서방 세계에서 현대 자본주의의 기초를 다진 "시초 축적" 과정과 놀라울 정도로 닮았다. 완전히 성숙한 산업자본주의 사회에서 노동자에 대한 통제는 대체로 그들의 경제적 의존성과 이런저런 사회화 메커니즘을 통해 이뤄진다. 그러나 마르크스는 이렇게도 설명했다.

자본주의적 생산의 역사적 생성기에는 사정이 달랐다. 신흥 부르주아지는 임금을 '규제'하기 위해, 즉 임금을 잉여가치 획득에 적합한 범위 안으로 억제하기 위해 … 국가권력이 필요하며 또한 그것을 이용한다. 이것이 이른바 시초 축적의 하나의 본질적 측면이다.[4]

마르크스는 이어서 시초 축적에 수반됐던 "피의 입법" 사례들을 세세하게 다룬다. 그런데 스탈린 버전의 시초 축적은 심지어 더 피로 얼룩졌는데, 러시아의 공업화를 그만큼 필사적으로 밀어붙였기 때문이다. 어찌나 필사적이었던지, 스탈린의 동료들조차 여럿이 속도 조절을 촉구할 정도였다. 스탈린은 그런 비판을 일축하면서 공업화 드라이브가 필요한 핵심 이유를 다음과 같이 설명했다.

안 됩니다, 동지들. … 속도를 늦춰서는 안 됩니다! … 속도를 늦추면 뒤처지고, 뒤처지면 지는 것입니다. … 우리는 선진국보다 50~100년은 뒤처져 있습니다. 이 격차를 10년 뒤에는 따라잡아야 합니다. 그러지 않으면

저들이 우리를 파멸시킬 것입니다.[5]

히틀러의 군대가 러시아를 침공한 것이 거의 정확히 10년 뒤였음을 떠올린다면 스탈린이 마치 예지력이라도 있었던 듯한 느낌이 든다. 스탈린의 말에서 분명히 드러나는 바는, 외부의 침략으로부터 소비에트 국가를 방어할 힘을 국민국가적 수준에서 키우는 것이 공업화 드라이브의 진정한 동기였다는 점이다. 세계혁명이 패배하자 스탈린이 이끈 관료들은 그 대안으로 "일국사회주의"를 건설하고 무력으로 그것을 수호하고자 했다. 현실에서 이런 노선은 다른 나라들의 자본주의 발전 방식을 새로운 형태로 러시아에 재현하는 결과를 낳았다.

트로츠키의 분석

스탈린주의 정권을 마르크스주의 관점으로 진지하게 비판하려 처음 시도한 사람은 레온 트로츠키였다.

그의 주장은 여전히 영향력이 있으므로 조금 자세히 다뤄 볼 필요가 있다. 오늘날 [정설] 트로츠키주의자들이 국가자본주의론을 극도로 혐오하는 것에 비춰 보면 놀라운 사실일 수도 있지만, 한때 트로츠키의 견해는 2장에서 살펴본 레닌과 부하린의 이론적 관점에서 크게 벗어나지 않았다. 1919년에 트로츠키는 다음과 같이 확언했다.

자본주의적 자유주의자들의 원성을 그토록 많이 샀던 경제생활의 국가화는 이미 기정사실이 됐다. 이는 되돌릴 수 없는 현실이다. 자유경쟁 시대는 물론이고 트러스트, 신디케이트 등의 문어발식 경제로 되돌아가는 것마저 이제는 불가능하다. 오늘날 남아 있는 유일한 문제는 누가 국가화된 생산 체제의 주인이 될 것인지다. 제국주의적 국가일 것인가, 아니면 승리한 프롤레타리아의 국가일 것인가?[6]

명백히 1919년의 트로츠키는 국가자본주의가 이론적으로 유효한 개념일 뿐 아니라 공업화된 서방 국가들에서 현실이기도 하다고 본 것이다. 그러나 트로츠키는 이미 프롤레타리아가 승리한 소련에서는 결코 국가자본주의가 성립할 수 없다고 생각했음이 분명하다. 그렇지만 1920년대 말에 가서는 소비에트 국가의 변질이 부인할 수 없는 현실이 돼 버렸다. 이를 비판적으로 분석하려 한 트로츠키의 시도는 두 국면을 거쳐 발전했다. 첫째 국면에서 그는 정치 개혁의 문제로 사태를 바라봤다. 좌익반대파의 한 동지에게 답변하며 그는 1928년에 다음과 같이 썼다.

결국 우리는 같은 물음으로 돌아오게 됩니다. 노동계급의 지원을 받는 당의 프롤레타리아적 중핵이 국가기구와 융합하고 있는 당 기구의 독재에 맞서 승리할 수 있는가? '아니다'라고 답을 정해 놓은 사람은 새로운 기초 위에 새로운 당을 건설할 필요성을 말하는 것일 뿐 아니라 제2의 새로운 프롤레타리아 혁명의 필요성을 말하는 셈이기도 합니다.[7]

여기서 트로츠키의 기준은 노동자들이 여전히 국

가를 지배하는지 여부다. 비록 개혁을 통해 **지배력을** 되**찾을 수** 있다는 간접적 의미에서일지라도 말이다. 그는 같은 해 코민테른 대회에 제출한 서신에서도 비슷한 관점을 드러냈다.

산업의 사회주의적 성격을 결정적으로 규정짓고 확립하는 것은 당의 구실과 프롤레타리아 전위의 자발적 내부 결속 그리고 관리자, 노조 간부, 작업장의 중핵 성원 등등의 의식적 규율이다. 만약 이들 간의 결속이 약해지고 무너지고 찢기고 있다면 머지않아 국가 산업과 교통 체계 등에서 사회주의적 성격은 흔적도 없이 사라질 것은 자명하다.[8]

1931년까지도 트로츠키는 소비에트 정권이 아직 정치 개혁이 가능하기 때문에 소련이 노동자 국가라는 견해를 때때로 내비쳤다.

현 소비에트 국가가 노동자 국가임을 인정하는 것은 부르주아지가 무장봉기를 통해서만 권력을 찬탈할 수 있다는 의미일 뿐 아니라 소련의 프롤레타리아가 관료들을 자신에게 복속시키고 당을 회생시키고 독재 정권을 변화시킬 가능성을 포기하지 않았다는 의미이기도 하다. 또한 프롤레타리아가 이 과정을 혁명이 아닌 개혁의 수단과 방법으로 달성할 수 있다는 의미다.[9]

그런데 이 무렵부터 트로츠키의 분석이 바뀌기 시작했다. 스탈린 체제가 개혁될 가능성이 갈수록 미미해지고 있던 상황에서 트로츠키는 새로운 논리를 전개하기 시작한다.

사회체제의 성격을 일차적으로 규정짓는 것은 소유관계다. 토지와 생산·교환 수단의 국유화, 그리고 대외무역에 대한 국가 독점은 소련 사회질서의 토대를 구성한다. 10월 혁명으로 재산을 몰수당한 계급들과 부르주아지 인자들, 그리고 신흥 관료제의 부르주아적 분파들은 오직 반혁명으로 정권을 타도함으로써만 토지·은행·공장·제철소·철도 등의 사적 소유를 재확립할 수 있을 것이다. 계급 관계의 근저에 놓인 이런 재

산 관계를 통해 프롤레타리아 국가라는 소련의 성격이
규정된다.[10]

이것은 결정적 관점 변화였다. 트로츠키는 프롤레
타리아 국가의 핵심 속성을 노동자들의 정치권력으로
이해하던 관점에서 멀어져 자신이 한때 "제국주의적
국가"와 양립 가능하다고 봤던 "경제생활의 국가화"에
시선을 고정한다.

이런 관점 변화는 몇 가지 전략적 판단과 밀접하게
연결돼 있었다. 우선 소련의 통치 집단들을 살펴보면
서 트로츠키는 이들이 3대 분파로 분열돼 있다고 선
언했다. 왼쪽에는 그 자신이 포함된 분파가 노동계급
의 이해관계와 10월 혁명의 사회주의 전통을 대변하
고 있었다. 이들의 대척점에는 반혁명적 경향을 대변
하는 분파와 오락가락하는 중간파가 있었다.

신경제정책에 힘입어 중소 도시에서는 광범한 프티부르
주아지층이 재등장하거나 새로 형성됐다. 자유주의 성
향의 전문직들도 부활했다. 농촌에서는 부농인 쿨라크

들이 다시 고개를 들었다. 관료층의 상당 부분은 대중 위에 군림하게 된 바로 그 덕분에 부르주아층에 가까이 다가가고 그들과 인척 관계를 맺게 됐다. 갈수록 대중의 자발성이나 비판은 간섭으로 여겨졌다. … 대중 위로 올라선 이 관료층의 대다수는 뼛속 깊이 보수적이다. … [좌익]반대파에 맞서 싸우는 스탈린에게 가장 강력한 원군인 이 보수적 계층은 스탈린 자신이나 스탈린 분파의 중심 인물들이 원하는 것보다 훨씬 더 오른쪽으로, 훨씬 더 신흥 유산계급 쪽으로 나아갈 태세가 돼 있다.[11]

트로츠키는 그러므로 우파가 주된 위험 요소이며, 프롤레타리아적 좌파와 친자본주의적 우파가 마침내 격돌하면 중간의 스탈린 분파는 좌우 양대 세력 사이에서 분쇄될 것이라고 전망했다. 우파가 승리하면 (전통적) 자본주의가 복원될 것이고, 좌파가 승리하면 소련이 다시 사회주의를 향해 전진할 터였다. 트로츠키는 이 갈등이 결국에는 세계 무대에서의 계급투쟁과 더불어 해소될 것이라고 믿었다.

우파의 "복고주의적" 성격과 이에 끌려다니는 스탈린 분파의 경향을 근거로 트로츠키는 소련의 관료층이 일관되게 반혁명적일 것이라 결론지었다. 노동자들을 일관되게 배신하는 노조 관료들처럼 소련 지배자들도 결국 제국주의에 굴복할 거라고 본 것이다. 이 관료들이 계급투쟁을 대리해 또 다른 "노동자 국가"(기형화됐건 아니건 간에)를 건설할 수 있다는 발상은 트로츠키의 사고와 동떨어진 것이었다. "소련에서 반동적 세력이 된 관료층은 세계 무대에서 혁명적 구실을 수행할 수 없다."[12]

역사는 이 모든 예측이 틀렸음을 보여 줬다. 스탈린 분파는 좌우파 사이에서 분쇄되기는커녕 승승장구했고 1936년에 이르러서는 소련을 지배하게 됐다. 진정한 위협은 전통적 자본주의의 복원이 아니라 새로운 관료적 지배계급의 부상이었던 것으로 드러났다. 더욱이 소련 관료들은 서방의 부르주아지에게 투항하기는커녕 제2차세계대전 이후 동유럽에 스탈린주의 위성국가를 6개나 구축했다.

스탈린주의의 발전 궤적에 관한 트로츠키의 예측

이 이렇듯 송두리째 어긋난 것은 그의 사후에야 분명
해졌는데, 이로 인해 트로츠키 지지자들은 미증유의
위기를 겪게 된다.

4장
소련 제국주의와 트로츠키주의의 위기

스탈린은 외세의 침략으로부터 나라를 지킨다는 명분으로 소련 노동자·농민의 소비를 강도 높은 공업화 드라이브에 종속시키는 것을 정당화했다. 전쟁과 침략이 결국 일어나기는 했지만, 정작 처음 일어난 전쟁은 서방이 소련을 상대로 벌인 것이 아니었다. 오히려 스탈린의 소련이 서방 정권들 중에서도 가장 반동적인 히틀러의 독일과 연합해 폴란드를 분할하려 한 것이었다. 이로부터 얼마 지나지 않아 소련은 핀란드를 침공했다. 이 사건들은 트로츠키주의 운동에 새로운 문제들을 던졌다.

트로츠키는 소련을 변질된 노동자 국가로 분석했다. 그런데 아무리 변질됐을지라도 노동자 국가가 이처럼 명백히 반혁명적인 영토 확장을 추구할 수 있단 말인가? 트로츠키는 또 소련 관료들을 일관되게 반혁명적이라고 봤고, 그런 분석의 중요한 함의로서 스탈린이 일관되게 서방 부르주아지에게 굴복할 것이라고 봤다. 그러나 적어도 핀란드 부르주아지에 대한 소련 관료들의 태도에 관한 한 이런 분석이 명백히 틀린 셈이었다.

일부 트로츠키주의자들은 곧 다가올 세계대전에서 소련이 과연 트로츠키의 말처럼 무조건적으로 방어할 가치가 있는지를 의심하기 시작했다. 일부는 막연하게나마 소련 정책의 제국주의적 경향에 대해 말하기 시작했다. 미국 등 몇몇 나라에서는 한 걸음 더 나아가 목소리 큰 소수가 소련이 노동자 국가라는 분석 자체에 의문을 제기했다. 미국 사회주의노동자당에서는 맥스 샥트먼이 이끄는 제법 큰 소수파가 분열해 나왔는데, 이 분파가 소련을 '관료적 집산주의'라는 새로운 형태의 계급사회라고 본 것이 분열의 한 계기였다.

제4인터내셔널 내 대다수는 이런 이의 제기를 "프티부르주아적" 인자들의 배신 행위라며 간단히 묵살

했다. 그러나 제2차세계대전이 끝나자 소련에 대한 트로츠키주의적 분석에 뭔가 엄청난 결함이 있다는 무시 못 할 증거들이 새로 떠올랐다.

동유럽 점령과 체제 변화

독일의 패전이 임박해 오자 3대 연합국[미국·영국·소련]은 전리품 배분을 놓고 실랑이를 벌이기 시작했다. 처칠은 회고록에서 자신과 스탈린이 유럽의 운명을 처리한 방식을 다음과 같이 밝혔다.

나는 종이 쪽지에 다음과 같이 썼다.

루마니아: 소련 90퍼센트, 다른 나라들 10퍼센트.

그리스: 영국 90퍼센트, 소련 10퍼센트.

유고슬라비아: 50 대 50.

헝가리: 50 대 50.

불가리아: 소련 75퍼센트, 다른 나라들 25퍼센트.

나는 이 쪽지를 스탈린에게 건넸다. 그때 이미 스탈린

은 통역을 통해 그 내용을 전해 들었다. 스탈린은 연필을 꺼내더니 쪽지에 커다랗게 동의의 체크 표시를 해서 우리에게 돌려줬다. 그 짧은 시간 만에 모든 것이 정해졌다.[1]

연합국 간의 최종 합의는 이 쪽지 내용과 정확히 일치하지는 않았어도 큰 틀에서는 같았다. 소련은 국경을 맞댄 일단의 동유럽 국가들과 동독을 가져갔다.

이 나라들은 대부분 비교적 후진국이었고 산업도 대부분 외국인 소유였다. 토착 부르주아지가 약했기 때문에 자본형성 과정에서 국가가 서유럽에서보다 큰 구실을 수행했다. 가령 체코슬로바키아에서는 국가가 전쟁 전에 산업자본의 10퍼센트를 직접 소유했다. 폴란드의 경우 국가가 주요 경제 부문 일부를 거의 완전히 소유하고 운영했다. 유고슬라비아 국가도 철강을 비롯한 여러 산업을 통제했다.

전쟁은 이 나라들의 민간 자본가들을 거의 파멸로 몰아갔다. 폴란드에서는 [1940년 소련에 의해] 군부 엘리트가 절멸했고 민간 소유 공장들이 파괴됐다. 체코슬로바키아에서는 독일이 사장들의 재산을 사실상 몰수했다. 체코슬로바키아 대통령은 다음과 같이 설명했다.

> 독일인들은 주요 산업과 은행을 모두 장악했고 … 직접 국유화하거나 독일 대기업들에게 넘겨줬다. 이런 식으로 독일인들은 무의식적으로 우리나라 경제·금융 자본의 국유화를 향한 길을 터 줬다.[2]

사정이 그랬기에 종전 이후 여러 동유럽 경제에서는 자연스럽게 국가가 큰 구실을 했다. 막강한 군대를 거느린 소련이 원하기만 하면 사회주의 혁명은 손쉽게 달성될 법했다. 문제는 소련이 그것을 원치 않았다는 것이다.

소련 정부는 동유럽 나라들의 꼭두각시들을 통해 '인민민주주의 정부' 수립을 선포했다. 각국 공산당이 부르주아지의 잔당들과 연합해 정부를 운영할 계획이었는데, 이는 노동자들이 스스로 권력을 장악하는 것과는 정면으로 대립하는 구상이었다. 각국 공산당은 신생 정권을 공고화하기 위해 몹시도 기이한 동맹 세력들과 손을 잡았다.

예를 들어 노동자 투쟁이 분출하기 시작한 불가리아에서는 소련이 재빨리 개입해 사태에 제동을 걸었다. [소련 외무부 장관] 몰로토프는 다음과 같이 선언했다.

일부 공산당원들이 계속 지금처럼 행동한다면 우리가 그들을 정신 차리게 해 줄 것이다. 불가리아의 민주 정부와 현 질서는 유지될 것이다. … 쿠데타 이전부터 복무한 유용한 군 장교들을 모두 유지해야 한다. 이런저런 이유로 해임된 장교들을 전원 복직시켜야 한다.[3]

'공산당' 지도자들이 옛 정권의 군 장교들을 동맹으로 삼은 것도 이상했지만, 그보다 더한 일도 있었다. 1944년 9월부터 1946년 10월까지 불가리아 '인민민주주의' 정부의 수반이었던 키몬 게오르기에프 장군은 1923년에 수만 명의 노동자·농민을 학살한 주범이었고 1934년의 또 다른 유혈 낭자한 쿠데타의 주모자였다. 루마니아 부통령 터터레스쿠는 한때 영국 공산당 기관지가 "히틀러 지지자"라고 밝힌 인물이었고 신임 종교부 장관 부르두체아 신부는 파시스트 정당인 철위단의 악명 높은 당원이었다. 사실 철위단 출신들이 떼 지어 공산당에 입당했다!

종전 직후 몇 년 동안 동유럽 공산당들과 그들을 지배하는 소련 정부는 국유화는 고사하고 남아 있는 민간 기업주들을 겁먹게 할 만한 조치들도 삼갔다. 그들은 마치 종래의 자본주의를 계속 용인하려는 것처럼 보였다. 이들 정부가 여느 정부들과 딱 하나 다른 점은 군대와 경찰을 거느린 부처들을 언제나 공산당이 장악했다는 점이다.

1947년 냉전의 도래와 함께 사태는 변했다. 스탈린은 동유럽에서 자신의 지위를 더욱 공고히 할 필요를 느꼈다. 그동안 공산당들은 핵심 국가기관들에 대한 통제력을 확고히 했고, 당원들에 대한 특혜와 당 가입 압박을 병행하며 조직세를 크게 늘렸다. 그래서 스탈린은 '인민민주주의' 정부들을 '사회주의'로 견인할 동기와 실력을 모두 갖추고 있었다.

대다수의 나라에서 이런 전환은 무척 순조로웠다.

경제의 많은 부분이 이미 국가의 통제를 받고 있었고 부르주아지는 매우 약했으며 공산당이 권력기관들을 확실히 쥐고 있었기 때문에 산업의 국유화에 대한 저항은 미미했다. 오직 체코슬로바키아에서만 저항 비슷한 것이 있었는데, 공산당은 이에 대처하기 위해 노동자 시위 비슷한 것을 동원해야 했다.

1948년 프라하 쿠데타는 무장한 노동자 군중이 거리 행진을 벌이는 가운데 일어났다. 그러나 실상 이 행진은 공산당이 노동계급의 극소수를 회유해서 동원한 관제 집회였다. 공산당은 약 30만 명의 노동자들을 국가기구의 요직으로 승진할 기회를 주겠다며 회유했다. 이 중 일부에게는 공산당이 장악한 보안경찰이 일시적으로 무기를 쥐어 줬다. 그러나 이 소수 노동자들이 전체 노동계급의 의사를 대변한 것은 아니었다. 오히려 쿠데타로 이어지는 시기 동안 노동계급 전체는 정권에 점점 적대적이게 됐다는 증거가 있다.[4]

그러므로 1947년부터 시작된 체제 변화 사례들은 모두 "위로부터의 혁명"이었다. 비록 체코슬로바키아의 경우에는 공산당이 부르주아지를 위축시키기 위해 잠시 단역배우들을 동원해야 했지만 말이다. 더욱이 이 모든 사례에서 체제 변화는 옛 국가기구를 파괴해 달성된 것이 아니라 국가가 새로운 틀로 통합됨으로써 달성됐다. 그 결과는 공산당이 관료적으로 지배하는 국영 경제들, 즉 소련의 닮은꼴 축소판들이었다. 그리고 이 공산당 정부들을 지배한 소련은 이제 위성국가 경제들을 제국주의적으로 수탈하기 시작했다.

트로츠키주의의 위기

이 새로운 사회들의 성격은 무엇이었을까? 트로츠키는 소련을 "변질된 노동자 국가"라고 규정했었다. 그런데 동유럽 국가들도 본질적으로 비슷해 보였다. 이 점 때문에 트로츠키주의 운동은 일대 혼란에 빠지고 말았다.

동유럽 국가들을 "변질된" 노동자 국가라고 부르기는 어려웠다. 도대체 이 국가들이 어떤 순수한 상태에서 변질됐단 말인가? 소련은 진정한 노동자 혁명으로

탄생한 뒤에 변질됐기에, 소련이 여전히 혁명의 성과를 어떤 식으로든 간직하고 있다는 주장이 그럴듯해 보일 수 있었다. 그러나 동유럽의 신생 국가들은 태생부터 온전히 관료적 형태를 띠었다.

이들이 과연 노동자 국가이기는 했을까? 분명 노동자들이 수립한 국가들은 아니었다. 오히려 노동자들의 동의 없이, 때로는 노동자들의 의사를 명백히 거슬러 그들에게 강요된 국가들이었다. 더욱이 트로츠키가 "세계 무대에서 혁명적 구실을 할 수 없다"고 못 박은 소련 관료층이 만들어 낸 국가들이었다.

1947년 이전에 제4인터내셔널은 동유럽 국가들을 망설임 없이 자본주의라 규정했다. [제4인터내셔널 지도자] 에르네스트 만델은 다음과 같이 썼다.

(자본주의 국가의) 구조가 곳곳에 그대로 남아 있다. '숙청'으로 제거된 관리들은 극소수여서, 똑같은 관리들이 여전히 업무를 보고 있다. 예외는 유고슬라비아와 그보다 덜한 폴란드뿐이다. 이 나라들에서는 옛 국가기구의 구성원들이 특수한 역사적 요인 때문에 거의 사

라졌다. 국가의 부르주아적 성격을 보여 주는 또 다른 증거는 신생 국가기구가 활용하는 구조가 옛 국가기구의 그것과 대략 같다는 점이다.[5]

만델은 스탈린주의자들이 동유럽에서 프롤레타리아 혁명을 수행했다는 논조의 어떤 글을 비판하면서 다음과 같이 덧붙였다.

이 이론은 국가와 프롤레타리아 혁명에 관한 마르크스·레닌주의 개념을 완전히 프티부르주아적으로 수정한 것이다. … 스탈린주의에 맞선 (트로츠키주의자들의) 투쟁은 온통 스탈린주의가 세계혁명의 무덤을, 그리고 소련의 무덤을 파고 있다는 사실에 기초를 뒀다. 그런데 이제 스탈린주의가 돌연 "객관적으로 프롤레타리아 혁명을 완수"할 주체로 지목되고 있는 것이다. 르블랑이 자신의 테제로부터 도출하는 결론들을 보면 그가 스탈린주의의 압력에 굴복했음이 분명하다.[6]

만델이 이 글을 쓴 것은 동유럽 국가들이 결정적

변화를 겪기 전이었다. 그러나 이들 국가의 "사회주의" 이행이 이미 본격화되고 소련과의 근본적 유사성이 뻔히 보이던 1948년에도 제4인터내셔널의 2차 세계 대회는 다음과 같이 선언했다.

> 이 나라들의 근본적 구조에는 변함이 없다. 공사 합동 기업, 소비에트 소유 주식회사, 무역 특혜 협정 등은 … 자본주의적 착취의 형태들이다. 국유화된 부문조차 여 전히 자본주의적 구조를 유지하고 있다.[7]

이 결의문은 나아가 동유럽 국가들을 "보나파르트 체제의 극단적 형태"로 규정했는데, 이는 파시즘 비슷 한 것을 의미했다.

달리 말해 트로츠키주의자들은 사실상 동유럽 국 가들이 국가자본주의라고 결론 내린 셈이었다. 그러나 이런 관점은 곧바로 두 가지 도전에 봉착했는데, 하나 는 이론적 측면에서였고 다른 하나는 극도로 실용적 인 측면에서였다.

트로츠키주의 운동 내의 소수가 제기한 이론적 반

론은 간단했다. 트로츠키는 국유화된 소유 형태를 근거로 소련을 (변질된) 노동자 국가로 규정했다. 똑같은 소유 형태가 동유럽 국가에서도 명백히 존재했는데, 제4인터내셔널 지도부에 따르면 그래도 이 나라들은 자본주의 사회라고 한다. 이는 명백한 모순이었다. 트로츠키주의 운동이 이 모순을 없는 척하며 얼마간 버틸 수 있었을지도 모르지만, 유고슬라비아에서 일어난 일 때문에 그러지 못했다.

1948년에 유고슬라비아의 티토 정권은 소련의 통제를 벗어났다. 그런 일이 벌어진 현실적 이유는 유고슬라비아 관료층의 국익이 소련 관료층의 그것과 충돌하게 됐고, 이에 티토가 '중립' 노선을 표방하며 사실상 서방세계에 편입되려 한 것이었다. 그러나 트로츠키주의자들은 이 사건에서 대중적 공산당 하나가 스탈린주의와 결별하면서 혁명적 방향으로 나아갈 거라는 희망을 봤다. 그들은 너나없이 티토에 열광했고 티토에게 아첨하는 투의 편지까지 썼다.

문제는 바로 이들이 얼마 전에 유고슬라비아를 "근본에서 자본주의적"이고 그 정부가 "보나파르트 체제의 극단적 형태"라고 선언했다는 것이다. 어떻게 그런 정부를 소련의 노동자 국가에 맞서 편들 수 있겠는가? 이 명백한 모순을 제거하려고 제4인터내셔널은 동유럽 국가들에 대한 이전의 분석을 급히 폐기했다. 유고슬라비아는 이제 (심지어 변질되지도 않은) '노동자 국가'로 등극했다(나중에 "기형화된"이라는 수식어가 붙기는 했다). 이는 머지않아 다른 동유럽 국가들에도 적용됐다.

그 뒤에 벌어진 온갖 이론적 끼워 맞추기와 분열은 여기서 굳이 다루지 않겠다. 핵심은 스탈린주의에 관한 원래의 트로츠키주의적 분석이 현실의 사태 앞에서 무너져 내렸다는 사실이다. 거기서 비롯한 모순들을 원래의 분석 틀 내에서 해소하려는 시도는 끝없는 이론적 문제들을 낳았고, 이는 전후 시기 트로츠키주의 운동이 사분오열하게 된 중요한 원인이었다.

5장
소련에 관한 토니 클리프의 분석

전후 시기 트로츠키주의의 위기를 거치면서 영국에서는《소셜리스트 리뷰》를 중심으로 작은 사회주의자 그룹이 하나 결성됐다. 이들은 나중에 국제사회주의자들IS로 명칭을 바꿨다가 오늘날의 사회주의노동자당으로 발전한다. 이 경향의 가장 저명한 이론가인 토니 클리프는《소련 국가자본주의》라는 책에서 소련 사회의 성격을 독창적으로 분석했다.[1]

앞선 장들의 논의는 많은 부분 클리프의 이론에 바탕을 뒀다. 이번 장에서는 클리프 이론의 주요 내용을, 마르크스의 가치론이 소련에 적용되는지에 관한 그의 논의에서부터 클리프가 독창적 해법을 제시한 여타의 문제들에 이르기까지 개략적으로 살펴보기로

한다. 이어지는 두 장에서는 클리프 지지자들 사이에 논란을 불러일으킨 그의 이론의 두 가지 측면을 다룰 것이다.

가치법칙과 위기

마르크스와 엥겔스에 따르면 "생산물의 가치형태 안에는 이미 자본주의적 생산 형태 전체, 자본가와 임금노동자의 적대, 산업예비군, 공황이 맹아적으로 내포돼 있다"(208쪽).[*] 따라서 가치형태란 자본주의에 고유한 것이다. 그런데도 1943년에 소련의 최고 당국자들이 갑자기 소련에서도 가치법칙이 작동한다고 선언했다. 클리프는 그렇다면 소련도 자본주의라고 말했다. 그렇지만 정말 그런가?

———

[*] 이하의 쪽수는 《소련 국가자본주의》의 국역본인 《소련은 과연 사회주의였는가?: 국가자본주의론의 분석》(책갈피, 2011)의 쪽수를 가리킨다.

가치법칙은 상품이 서로 교환되는 가격이 궁극적으로 상품의 가치에 의해 결정되고, 그 가치는 또한 상품에 투입된 노동시간에 의해 결정되는 것으로 나타난다. 가치는 **상품 교환**으로 특징지어지는 경제체제, 다수의 자본이 경쟁하는 체제를 규제하는 힘이다. 다르게 표현하면 가치는 여러 자본들 간의 무질서한 경쟁에 대한 일종의 변증법적 대립-보완물로서 사회 근저의 관계들이 관철되는 형태다.

그렇다면 단 하나의 자본(국가자본)이 모든 산업을 소유하고 기업들 간의 무질서한 경쟁도 없는 소련에서 어떻게 가치법칙이 작동할 수 있을까? 겉보기에 소련 사회는 자본주의 이전 사회들이 대체로 그랬고 사회주의 사회도 분명 그러하겠지만 **사용가치** 생산을 위해 조직되는 것처럼 보인다.

소련을 세계 자본주의로부터 따로 떼어 놓고 본다면 소련에서 가치법칙이 작동하지 않는다고 결론 내려야 할 것이라고 클리프는 말했다. "생산물들은 형식상 교환을 통해 경제 각 부문에 분배된다. 그러나 모든 기업의 소유권이 국가에 있으므로, 진정한 의미의 상품 교환은 존재하지 않는다." 마르크스에 따르면 "사적 개인들"이나 "사적 집단들"이 "저마다 자신의 이익을 위해 서로 독립적으로 생산하는 다양한 종류의 노동 생산물만이 상품이 될 수 있"기 때문이다 (223~224쪽). 소련에서 가격은 분배를 규율하는 기능을 하지 않고, 국가 계획이 이를 대신한다. 소련의 분업은 서방에서 경쟁하는 기업들 간에 이뤄지는 분업보다는 한 기업 내 분업에 더 가깝다.

그러나 소련은 고립된 섬이 아니다. 세계 체제의 일부인 소련 국가자본은 타국 자본(과 국가자본)들과 경쟁해야 한다.

마치 공장 소유주가 자신이 고용한 노동자들의 노동을 배치하듯이 스탈린 체제의 국가도 소련 사회의 총노동시간을 배치한다. 말하자면, 분업이 계획되는 셈이다. 그러나 소련 사회에서 총노동시간의 실질적 분배를 결정하는 것은 무엇인가? … 스탈린 체제의 국가가 내리는 결정은 세계경제나 국제 경쟁 같은 통제할 수 없는 요인들에 바탕을 두고 있다. 이런 관점에서 볼 때, 소련 국가는 다른 기업들과 경쟁하는 자본주의 기업 소유주와 비슷한 처지에 있는 셈이다(230쪽).

그렇다면 소련 국가는 서방 자본들과 경쟁하는 "주식회사 소련"이라 볼 수 있다. 경쟁 때문에 소련 지배자들은 노동계급을 착취하고 최대한 빠른 속도로 축적을 이루도록 강제되는 것이다. 이처럼 소련을 일반적 자본주의 기업에 비유하는 설명은 어느 정도까지는 흡족스럽다.

그러나 이런 경쟁을 스탈린주의 사회 발전의 주된 원인으로 보기에는 소련 경제에서 대외무역이 차지하는 비중이 너무 작다. 소련과 서방 진영 간에 주된 경쟁은 사실 군사적 경쟁이다(이 점은 소련뿐 아니라 다른 국가자본주의 나라들도 정도 차이는 있지만 마찬가지다).

소련이 대외무역을 확대한다면, 세계시장에서 고가로 팔릴 수 있는 상품을 생산하려고 노력하는 한편 외국에서는 최대한 값싼 상품을 구입하려 할 것이다. 따라서 사적 자본가와 마찬가지로 무슨 사용가치인지를 따지지 않고 이런저런 사용가치를 생산해서, 자기 몫의 가치 총량을 증가시키고자 할 것이다(이 요인은 소련과 그 위성국들 사이의 무역에 큰 영향을 미친다).

그러나 다른 나라들과의 경쟁이 주로 군사적인 것이기 때문에, 하나의 소비자로서 국가는 탱크와 비행기 같은 특수한 사용가치에 관심이 있다. 독립적 생산자들 사이의 경쟁은 가치로 표현되지만, 소련과 다른 나라들의 경쟁에서는 사용가치가 목표로 격상돼서, 경쟁 승리라는 최종 목표에 이바지한다(232쪽).

그러므로 소련을 GM에 비유하거나 "주식회사 소련"이라 부르는 것은 아주 정확하지는 않다. 그보다는 20세기 양차 세계대전 중에 떠오른 자본주의적 전시경제 체제와 닮은 점이 더 많다. 2장에서 살펴봤듯이, 이 전시경제들은 잉여가치 대신 사용가치를 추구했다. 그러나 이 국민경제들은 여전히 자본주의였는데, 경쟁적 축적이라는 기본적 작동 원리에 변함이 없었기 때문이다. 클리프는 소련 국가도 마찬가지라고 결론짓는다. 소련 경제구조가 사용가치 생산에 역점을 두고 있음에도 "가치법칙이 소련 경제구조의 조정자"라는 것이다(234쪽).

이와 같은 경제는 자본주의적이다. 그렇지만 부하린이 당대의 전시경제에 대해 지적했듯이, 그것은 자본주의에 대한 부분 부정이기도 하다. 이 새로운 현상을 설명하려면 "가치법칙"이라는 표현에 응축된 마르크스적 범주들을 무척 과감하게 수정해야 한다. 클리프는 전통적 독점자본주의를 논하면서 부하린과 비슷하게 가치법칙의 부분 부정에 대해 이야기했는데, 이는 소련에 대한 클리프의 관점과도 일맥상통한다. "그러나 '규정은 부정이다.' 가치법칙의 부분 부정은 완전한 부정과 맞닿아 있다"(220쪽).

국가자본주의 국가와 노동자 국가의 비교

국가자본주의가 자본주의의 "부분적 부정"이라면, 그것은 사회주의를 향해 가는 한 걸음이라고 볼 수 있다. 그런데 프롤레타리아 독재 또한 자본주의의 부분적 부정에 불과하다고 말할 여지가 있는데, 왜냐하면 노동계급의 독재가 필요한 이유 자체가 새로운 사회에 자본주의의 잔재가 상당 부분 남아 있을 것이라는 가정에 근거하기 때문이다. 이렇게 보면 초기 볼셰비키 정권과 현대 소련 국가 모두 자본주의의 부분적 부정이고 사회주의로 가는 정거장들이라고 말할 수 있다. 이로부터 이 두 사회구성체들의 특성을 비교·대조해 봐야 할 명백한 필요성이 대두된다.

둘 사이의 가장 중요한 차이는 당연하게도 국가권력을 장악한 계급이 서로 다르다는 것이다. 현대 소련에서는 국가 관료이고, 노동자 국가에서는 프롤레타리아다. 클리프는 부하린을 다음과 같이 인용한다.

국가자본주의 체제에서 경제의 주체는 **자본주의 국가**, 즉 집합적 자본가다. 프롤레타리아 독재에서 경제의 주체는 프롤레타리아 국가, 즉 집합적으로 조직된 노동계급, "국가권력으로 조직된 프롤레타리아"다(180쪽).

이와 연관된 둘째 차이점은 분업에 관한 것이다. 클리프는 다음과 같이 썼다. "사회주의가 완전히 승리하면 정신노동과 육체노동의 분리가 완전히 폐지될 것이다. 사회주의 혁명 직후에는 이 분리를 폐지할 수 없다. 그러나 노동자의 생산 통제는 육체노동과 정신노동을 연결하는 직접적 가교가 될 것이고, 미래에 정신노동과 육체노동의 종합, 즉 계급의 완전한 폐지를 위한 출발점이 될 것이다"(138쪽).

소련 같은 국가자본주의 사회에서는 정신노동과 육체노동의 분리가 날마다 재생산·강화되며(심지어 "사회주의 지식인층"의 부상을 자랑스레 떠벌릴 정도다) 노동자 통제가 존재하지 않는다.

셋째로 동유럽과 소련 노동자들은 소외를 특징으로 하는 체제에 얽매여 있다. 여기서 소외는 매우 구체적인 의미를 갖는다. 노동자들의 노동 생산물이 노동자들에게 낯선 외부의 것이 되고, 나아가 그들을 지배하는 외부의 힘으로 되돌아오는 것이다. 예를 들어 소련 노동자들은 여느 자본주의에서와 마찬가지로 그들 자신(또는 그들과 비슷한 노동자들)이 생산한 조립라인의 지배를 받는다. 그들의 노동은 이처럼 자신들을 짓누르는 과거의 노동 생산물을 더욱 늘리는 데 이용될 뿐이다.

진정한 노동자 국가는 이와 대조적으로 생산과정을 인간의 필요에 종속시키려 할 것이다. 클리프는 《공산당 선언》의 다음 구절을 인용한다.

> 부르주아 사회에서 산 노동은 축적된 노동을 증가시키기 위한 수단일 뿐이다. 반대로, 공산주의 사회에서 축적된 노동은 노동자의 생활을 향상시키고 풍요롭게 하며 증진하는 수단일 뿐이다. 따라서 부르주아 사회에서는 과거가 현재를 지배한다. 공산주의 사회에서는 현재가 과거를 지배한다(141쪽).

노동자 국가는 아직 공산주의 사회가 아니므로 이 목표를 완전히 달성하기는 무리지만, 그럼에도 그 방향으로 나아가기는 해야 한다.

이처럼 국가자본주의와 노동자 국가는 둘 다 사회주의와 공산주의로 가기 위한 이행기인 측면이 있다.

그러나 둘 사이에는 명백히 절대적이고도 근원적인 차이가 있다. 클리프는 그 차이를 다음과 같이 날카롭게 정리했다.

국가자본주의를 한편에서는 전통적 자본주의와 비교하고 다른 한편에서는 노동자 국가와 비교하면, 노동자 국가가 **사회주의 혁명**이라는 동전의 앞면으로서 사회주의로 이행하는 단계인 반면, 국가자본주의는 같은 동전의 뒷면으로서 **사회주의로** 이행하는 단계라는 사실을 알 수 있다(174쪽).

스탈린 체제의 관료는 계급이다

소련 관료층은 서방 자본가들과 달리 생산수단을 직접 소유하지 않으므로 계급일 수 없다는 주장도 있다. 그렇지만 이는 사회 계급에 대한 마르크스주의의 관점을 오해한 것이다. 클리프는 우선 부하린의 계급 정의를 인용한다.

사회 계급은 … 생산에서 동일한 구실을 하는 사람들의 집합인데, 이들은 생산과정에서 다른 사람들에 대해 동일한 관계에 있고, 이 관계는 사물(노동도구)에 대해서도 마찬가지다(183쪽).

소련 관료는 명백히 이런 정의에 부합한다. 클리프는 이어서 생산과정에 직접 참여하지도 않는 상인계급에 관한 엥겔스의 서술을 인용하고, 또 성직자와 법률가 등을 "이데올로기적 계급"으로 규정한 마르크스를 인용한다. 사유재산을 소유한 부르주아지가 개별 자본에 대해 법적 권리를 갖는다 해서 모든 지배계급이 그래야 하는 것은 아니다.

그럼에도 소련 관료를 그냥 지배계급이 아닌 **자본주의적 지배계급**이라 부를 수 있느냐는 반론이 제기될 수 있다. 이에 답하는 최선의 방법은 자본주의의 역사적 발전 과정을 살펴보며 그것이 국가자본주의로 나아가는 경향을 구체적으로 조명하는 것이다.

1장에서 인용한 유명한 구절에서 마르크스는 자본가 개개인들을 "인격화된 자본"이라 불렀고, 잉여가치를 추출하고 이를 자본으로 전환해서 축적하려는 강박이 자본주의 체제의 근본 동력이라고 밝혔다.[2] 클리프도 이 구절을 인용한 뒤, 자본주의가 성숙함에 따라 이 두 가지 핵심 기능이 갈수록 경영자들에게 위임된다고 지적했다. 형식적으로 산업의 소유자인 주주들은 그저 이윤에서 배당금으로 지급되는 부분을 소비하는 수동적 구실로 밀려난다. 다시 말해, 주주들이 아니라 경영자들이 자본을 "인격화"하는 구실을 떠맡는 것이다.[3] 소련 관료는 이런 경향의 가장 순수한 표현일 뿐이다.

> 자본주의 주식회사에서 대부분의 축적은 제도적이다. 주식회사들은 자금을 내부적으로 조달하지만, 주주들에게 분배되는 배당의 더 많은 부분은 소비를 위해 사용된다. 독점자본주의에서 점진적으로 진화한 국가자본주의에서 주주는 대체로 소비자일 뿐인 반면, 국가는 축적자다.
>
> 축적에 들어가는 잉여가치가 소비되는 잉여가치보다 많을수록 자본주의는 더욱 순수한 형태가 된다. … 따

라서 실제로 국가를 '소유'한 채 축적 과정을 통제하는 소련 관료는 자본의 인격화의 가장 순수한 형태라고 할 수 있을 것이다(185~186쪽).

거꾸로 적용한 개혁주의?

마르크스주의 국가론에 따르면 노동계급은 부르주아 국가기구를 점진적으로 장악할 수 없고 분쇄해야만 한다. 그런데 지금껏 우리가 주장한 바는 소련에서 새로운 계급이 국가기구를 분쇄하지 않고도 노동계급을 권좌에서 몰아내고 국가자본주의 체제를 수립했다는 것이다. 많은 사람들이 이런 관점은 마르크스주의 이론과 충돌한다며 우리가 "개혁주의 논리를 거꾸로 적용했다"고 비판했다. 클리프는 흥미로운 논리로 이런 비판을 반박했다.

클리프는 그런 비판이 지나치게 추상적인 주장이라고 말했다. 우선 프롤레타리아가 국가를 분쇄하지 않고는 권력을 장악할 수 없는 구체적 이유를 살펴본 뒤,

그것이 국가자본주의적 반혁명에도 똑같이 적용되는지를 알아보기로 하자. "노동자들이 평화적으로 권력에 접근하는 것을 가로막는 걸림돌은 관료와 상비군이다. 그러나 노동자 국가에는 관료도 상비군도 없다"(200쪽). 따라서 다른 계급이 노동자들에게서 권력을 빼앗는 데는 장애물이 없다.

물론 레닌과 트로츠키의 노동자 국가는 상비군과 관료를 모두 갖추고 있었던 것이 사실이다. 외세의 개입으로부터 혁명을 수호할 필요성 때문에 상비군이 등장했고, 소규모인 노동계급이 러시아 전체를 다스릴 수 없었던 점과 러시아 경제 여건의 후진성 때문에 관료가 나타났다.

그러나 러시아 노동자 국가의 상비군과 관료는 모두 혁명의 견고함이 아니라 취약성의 징표였고 시간이 흐를수록 혁명의 변질되는 측면들을 드러냈다. 다시 말해, 그것들은 문제의 일부분이었고, 노동계급이 국가에 대한 직접적 통제력을 잃고 있다는 증상이었다. 상비군과 관료는 다른 계급이 국가권력을 탈취하는 데서 장애물이기는커녕 촉매제로 작용했다. 러시아 관료층과 군 장교들은 새로운 지배계급의 맹아로 떠올랐다. 클리프는 이 과정의 진행 방식을 다음과 같이 서술했다.

위계적으로 구성된 군대에서 병사들이 군대를 단호하게 통제하려 한다면, 당장 장교 집단의 반대에 부딪힐 것이다. 그런 장교 집단을 제거하는 방법은 혁명적 폭력 말고는 없다. 반면에, 시민군의 장교가 병사들의 의지에 점점 덜 종속된다면 … 시민군 장교가 병사들과는 독립적인 장교 신분으로 전화하는 것이 점진적으로 이뤄질 수 있다. 상비군에서 시민군으로 이행하는 것은 오직 혁명적 폭력의 거대한 폭발을 통해서만 가능하다. 다른 한편 시민군에서 상비군으로 이행하는 것은 … 점진적일 수 있으며 또 점진적이지 않으면 안 된다. … 군대에 적용되는 것은 마찬가지로 국가에도 적용된다. 관료 없는 국가, 또는 대중의 압력에 의존하는 미약한 관료가 있는 국가는 관료가 노동자들의 통제를 받지 않는 국가로 점진적으로 바뀔 수 있다(201쪽).

야만적인가 진보적인가

　인상에 쉽게 휘둘리는 사람들 일부는 중국의 국가 자본주의 체제가 이룩한 사회 발전을 바라보며 국가 자본주의가 기존 부르주아 사회보다 더 진보적이라고 선언한다. 또 다른 일부는 강제 노동 수용소나 [캄보디아] 폴 포트 정권의 만행을 보고는 국가자본주의 체제를 야만으로 규정하면서 "전체주의적 공산주의"에 맞서 "서구 민주주의"를 수호하자고 외친다. 두 관점 모두를 마르크스주의적으로 포장하는 것도 가능하다. 클리프는 둘 다 반대한다.

　"야만"이라는 말은 끔찍한 만행을 지칭하는 용어로 느슨하게 쓸 수도 있지만 더 엄밀하게는 역사적 퇴행을 지칭하는 말일 수도 있다. 엥겔스는 후자의 의미에서 현대 인류가 사회주의냐 야만이냐 하는 갈림길에 서 있다고 말한 바 있다. 첫째 의미의 야만은 분명 스탈린 체제의 여러 측면들에 들어맞기는 하지만 서방 자본주의의 여러 측면들에도 들어맞는다. 그런가 하면 야만이라는 말을 둘째 의미로 사용하면서 국가자본주의가 세계사의 뭔가 새롭고 반동적인 단계인 것처럼 말하는 것은 틀렸다.

그 이유는 스탈린주의 사회들이 계속해서 생산력을 발전시키고, 노동계급의 수를 늘리고, 그에 따라 사회주의의 토대를 놓고 있기 때문이다. 사실 이들 중 일부는 한동안 꽤나 인상적인 경제성장률을 기록했고 인민 대중의 생활수준을 상당히 개선하기도 했다.

그런데 이런 성과들을 근거로 국가자본주의가 서방 세계보다 더 진보적이라고 보는 것 또한 틀렸기는 마찬가지다. 클리프에 따르면 "생산력을 발전시키고 더 우월한 사회체제의 물질적 조건들을 준비하는 데 필요한 사회질서는 진보적"이지만, 그럼에도 "한 사회질서가 반동적으로 됐을 때, … 이 생산력 발전이 중단된다는 결론이 나오지는 않는다. 13세기에서 18세기까지 유럽에서 봉건제가 반동적이었다는 것은 명백하다. 그러나 그렇다고 해서 봉건제에서 생산력이 … 전보다 빠른 속도로 발전하는 것이 불가능했다는 말은 아니다"(204쪽).

이와 비슷하게, 서방 자본주의와 동구권 국가자본

주의 모두 생산력을 계속 발전시키고 있다. 그러나 세계 수준에서는 사회주의를 가능케 하는 물질적 조건이 이미 갖춰져 있으므로 두 형태의 자본주의 모두 더는 **필요하지 않으며** 따라서 더는 진보적이지 않다.

이 점이 세계적 수준에서는 사실일지라도, 자본주의(특히 국가자본주의)가 가난한 제3세계 나라에서는 여전히 "국지적으로 진보적"이지 않으냐는 반론도 흔히 제기된다. 이에 대해 클리프는 그런 나라들도 세계 체제에 결박돼 있으므로 세계 체제의 여러 문제들과 더불어 그 궁극적 해방도 함께 겪을 수밖에 없다고 답변한다.

후진국들이 세계의 나머지 지역과 동떨어져 있다면, 그 나라들에서는 자본주의가 진보적일 것이라고 확실히 말할 수 있다. 예컨대, 만약 서구의 나라들이 쇠퇴해서 소멸한다면, 인도 자본주의는 19세기의 영국 자본주의 못지않게 길고 영광스러운 미래를 누릴 수 있을 것이다. 소련 국가자본주의에 대해서도 마찬가지로 이야기할 수 있을 것이다. 그렇지만 혁명적 마르크스주의자들은 세계를 출발점으로 삼으며, 따라서 자본주의는 어디서나 반동적이라고 결론짓는다. 왜냐하면 오늘날 절멸의 고통에서 인류가 해결해야 할 문제는 어떻게 생산력을 발전시킬 것인가 하는 문제가 아니라 어떤 목적으로 그리고 어떤 사회적 관계에서 생산력을 이용할 것인가 하는 문제이기 때문이다(205~206쪽).

6장
연속혁명

1905년 러시아 혁명 직후 레온 트로츠키는 《평가와 전망》이라는[*] 책에서 러시아의 다음번 격변이 어떤 식으로 진행될지를 예측하려 했다. 그의 예측은 대체로 적중했고, 이후 트로츠키와 그의 지지자들은 세계 도처의 저개발국에서 혁명의 문제를 논할 때도 동일한 분석 방법을 적용했다. 그리하여 "연속혁명" 이론이 정설 트로츠키주의의 한 축을 이루게 됐다.

마르크스와 엥겔스가 제시한 대강의 역사 발전 도식에 따르면 사회는 전前자본주의에서 자본주의로 나아가고, 자본주의는 사회주의의 토대를 구축해 사회

---

[*] 국역: "평가와 전망", 《연속혁명 평가와 전망》, 책갈피, 2003.

주의 혁명을 의제에 올린다. 그런데 트로츠키는 제국주의 시대가 도래하자 이 도식에 상당한 수정이 필요해졌다고 했다.

부르주아 혁명의 과제는 다음과 같이 정리할 수 있다. 부르주아지는 옛 지배계급의 권력을 타파하고 공업 발전의 길을 열어젖힌다. 농촌에서는 전자본주의적 사회관계가 일소되고 현대적 농업이 가능해진다. 민족 독립, 공화국 수립, 교육의 확대 등 새로운 생산양식에 부합하는 정치적·사회적 틀이 마련된다. 그러나 트로츠키는 후진국의 부르주아지가 더는 이런 과제들을 위해서 투쟁할 능력이 없다고 말했다.

제3세계 부르주아지는 한편으로 제국주의적 후견인들에게 의존하고, 다른 한편으로는 지주계급에 의존한다. 그래서 이들은 허약하고 오락가락하며 결국에는 민중의 진보적 열망을 배신하게 된다는 것이다. 그러므로 부르주아 혁명의 과제를 달성하는 것은 노동계급의 몫이 되고, 노동계급은 농민을 비롯한 모든 억압받는 계층과 연합해서 그런 과제 달성을 주도해야 한다. 오직 노동자 혁명만이 제국주의와 반동적 계

급들의 굴레를 떨쳐 내고 후진국이 앞으로 나아갈 길
을 제시할 수 있다.

　트로츠키의 연속혁명론은 러시아 혁명으로 입증
됐다. 그리고 1927년 중국 혁명으로 또 한 번 비극적
으로 입증됐다. 국민당이 노동계급 지지자들을 공격
한 데서 민족 부르주아지의 배신자 본색이 드러난 것
이다. 그러나 이후 역사는 연속혁명론에 관대하지 않
았다.

　전후 시기에 많은 제3세계 혁명들이 일어났지만 어
느 하나도 트로츠키의 모델에 들어맞지 않았다. 이를
테면 중국·쿠바·베트남에서는 게릴라 군대가 권력을
차지했다. 이들은 마르크스주의자들이 통상 부르주아
혁명의 과제로 여기는 많은 것들을 성공적으로 실행
했다. 민족 독립, 농촌에서 지주들의 권력 해체, 현대
적 사회제도 수립 등.

　이들 나라의 부르주아지는 사실 트로츠키의 예상
대로 정치적 파산 상태에 있음이 드러났다. 그러나 부
르주아지의 공백을 노동계급이 메우지는 않았다. 오히
려 이들 나라에서 새로 집권한 정권들은 소련 모델을

다양한 정도로 재현한 관료적 국가자본주의 정부들이 었다.

1963년에 처음 출판된 "연속혁명"이라는 글에서* 토니 클리프는 국가자본주의 이론을 제3세계 혁명들에 적용하려 했다.[1] 그는 마오쩌둥과 카스트로의 승리에서 노동계급이 의미 있는 구실을 하지 않았다는 사실을 철저히 다룬 다음 이렇게 묻는다. "이론이 어디서 잘못된 걸까?"

클리프가 내놓은 답은 다음과 같다. "후발 부르주아지의 보수성과 소심함은 절대적 법칙이지만, 신생 노동계급의 혁명적 성격은 절대적이지도, 불가피하지도 않다. 그 이유는 쉽게 짐작할 수 있다." 그 이유가 무엇일까?

노동계급이 몸담고 있는 사회의 우세한 이데올로기는 지배계급 이데올로기다. 유동적이고 무정형인 신생 노

___

* 국역: "빗나간 연속혁명", 《마르크스주의의 기초와 그 고전적 전통: 국제주의 전통 자료집 I-3》, 책갈피, 2018.

동자들의 대다수가 아직도 농촌에 한 발을 걸치고 있어서 독자적 프롤레타리아 조직이 형성되기 어려운 경우도 많다. 경험 부족과 문맹 또한 노동계급에게 약점으로 작용한다. 이는 비非노동계급 지도자에 대한 의존이라는 또 다른 약점을 낳는다. … 이런 취약함과 외부인에 대한 의존은 개인숭배로 이어진다. … 많은 후진국 노동운동의 또 한 가지 약점은 국가에 대한 의존이다.

이 밖에도 "노동조합들이 농업 노동자들의 투쟁과 멀찍이 떨어져 있는 문제가 있는데, 이는 도농 간 생활수준 격차를 감안할 때 심각한 문제다."

물론 이런 조건들 때문에 노동자 혁명이 불가능해지는 것은 아니다. 클리프는 단지 그것이 필연에는 훨씬 못 미치는 이유를 지적하려는 것이다. "노동계급이 늘 혁명적이라는 전제가 일단 흔들리면" 트로츠키의 이론은 제3세계 혁명이 나아갈 유일하고도 필연적인 경로에 대한 예측으로서는 "산산조각 나 버린다"는 것이 클리프의 생각이다. "그렇다고 해서 아무런 일도 일어나지 않는 것은 아니다. 국내외의 여러 상황들이 얽히고설켜서 무슨 수를 써서든 생산력이 봉건제의 속박을 떨쳐 내야만 하도록 내몬다." 게다가 다음의 세 요소가 이 과정을 더욱 촉진한다.

첫째, 강대국 간의 점증하는 모순으로 인한 세계 제국주의의 약화, 그리고 핵무기의 등장으로 인한 강대국 간 상호 개입의 마비.

둘째, 후진국에서 국가의 중요성 증대.

셋째, 지식인의 중요성 증대.

여기서 셋째 요소는 좀 더 설명이 필요하다. 지식인은 차르 치하 러시아보다 1945년 이후 제3세계 혁명들에서 훨씬 중요한 구실을 했다. 지식인은 자기 나라의 기술적 후진성에 민감하며, 그들의 정신생활도 위기에 빠져 있다. 이들은 사회공학의* 확고한 신봉자들

———

* 사회공학 국가가 교육·선전·처벌 등의 방법으로 대중의 여론과 행동 양식을 원하는 대로 바꾸는 것을 뜻하기도 하고, 데이터에 기반한 정책 개발을 뜻하기도 한다.

이고, 자기 나라를 정체 상태에서 벗어나게 해 줄 조처에 목말라 있지만 민주주의에는 별 관심이 없다. 이들이 보기에 "부르주아적 소유는 신망이 땅에 떨어졌고 제국주의는 견디기 힘들다. 국가자본주의는 … 이들에게 새로운 결속감을 부여한다."

클리프는 이처럼 노동계급이 그 역사적 사명을 수행하지 못하고 앞에서 살펴본 객관적 압력들이 존재하는 환경에서는 지식인이 정치 무대에 적극 뛰어들어 민족 혁명을 이끌게 된다고 결론 내렸다. 클리프는 이를 "빗나간 연속혁명"이라 불렀다.

몇 가지 문제

전후 시대에 절대 다수의 제3세계 혁명들이 취한 형태들을 설명하는 이론으로서 클리프의 테제는 기본적으로 옳은 듯하다.[2] 그러나 이후의 논쟁들을 통해 그의 설명에서 몇 가지 불충분한 점도 드러났다. 호주의 저술가인 앤드루 밀너는 던컨 핼러스의 《트로츠키의 마르크스주의》(클리프의 테제가 요약돼 있는 책)를* 서평하면서 '빗나간 연속혁명'론에 몇 가지 중대한 반론을 제기했다.

밀너는 트로츠키가 예견한 연속혁명 과정은 역사상 오직 한 번, 1917년 러시아에서만 일어났다고 말한다. 그런데도 클리프와 핼러스는 여전히 연속혁명을 표준처럼 다룬다. 밀너는 이런 트로츠키주의적 출발점이 사태 이해에 도움이 되지 않는다면서 다음과 같은 접근법을 대안으로 제시했다.

19세기 말엽 이후로 자본주의는 꾸준히 '국가화' 과정을 거쳐 왔다. 1세대 자본주의 강대국들에서는 산업화가 … 사적 자본주의와 야경국가만으로도 이룩될 수 있었던 반면, 2세대 강대국들(특히 독일과 일본)은 국가의 상당한 경제 개입 없이는 공업화를 이루는 것이 불가능했다. 이런 국가화 과정은 바로 사적 자본주의가 초창기에 거둔 성공에서 비롯한 것이다. 그렇게 성공했

---

*   국역:《트로츠키의 마르크스주의》, 책갈피, 2010.

던 기존 자본주의 강대국들의 경제력은 제국주의를 매개로 미래 경쟁국들의 발전을 저해하고 가로막는 요인이 됐다.

상당한 국가 개입 덕택에 이 2세대 강대국들도 공업화에 성공하자, 남아 있는 후진국들 앞에 놓인 길은 … 더욱 험난해졌다. 그런데 이제는 제국주의가 후진국의 발전을 가로막는 정도가 너무 심해져서, 오직 완전히 '국가화'된 경제만이 제국주의의 올가미에서 벗어날 가망이 있었다. 그래서 20세기에는 국가자본주의 혁명들이 줄기차게 일어났는데, 그것들을 이끈 세력은 전통적 부르주아지가 아니라 … 보통 때 같았으면 식민지(혹은 식민지 이전) 국가의 관리가 됐음 직한 관리자 계급이었다. …

이런 과정이 오히려 '정상'이다. 국가화 과정이 그와는 매우 다른 과정인 후진국에서의 사회주의 혁명과 만나고 결합되고 충돌한 것은 오직 한 번, '제3세계' 중 최고 선진국이었던 1917년 러시아에서였다.[3]

'빗나간 연속혁명'의 시사점이 클리프가 1963년의

글에서 명시한 것들뿐이라면 밀너의 비판은 꽤나 설득력이 있을 것이다. 그러나 그 밖의 몇 가지 시사점들도 함께 고려한다면 밀너의 비판이 큰 그림을 놓치고 있음을 쉽게 이해할 수 있다.

밀너가 보기에 제3세계 국가자본주의 혁명들은 자본주의 발전의 최신 단계(가장 철저하게 "국가화"된 단계)에 불과하다. 독일과 일본이 "제국주의의 올가미에서 벗어나"고 공업 발전을 이루기 위해 부분적 국가자본주의가 필요했던 반면 중국과 쿠바는 온전한 국가자본주의가 필요했다는 것이다.

그렇지만 그 나라들은 과연 그 목적을 달성했는가? 부르주아 혁명의 핵심 성과 가운데 하나는 공업화의 길을 열어젖히는 것임이 분명하다. 인구 대다수를 프롤레타리아로 변모시키고, 높은 생활수준을 확립하며, 사회주의를 위한 물질적 기반을 창출하는 것 말이다. 그런데 중국·쿠바·베트남 정권들은 심혈을 기울였음에도 그와 같은 변혁에 실패했다. 사실 이 점에서 중국의 실적은 인도보다 딱히 나을 것이 없다.[4]

그 결과 이 나라들은 밀너의 말처럼 확실하게 "제

국주의의 올가미에서 벗어나"지는 못했다. 중국은 비록 1949년 이전과 같은 반¥식민지는 아니지만 갈수록 미국에 의존적으로 되고 있다. 쿠바와 베트남은 그들대로 소련에 크게 의존한다.[*]

그러므로 제3세계 국가자본주의 혁명들은 단지 독일과 일본의 더한층 국가화된 재탕이 아니다. 그 혁명들은 꽤나 독특한 유형에 속했으며, 따라서 클리프가 그것들을 특수한 역사 발전 과정의 산물로 다룬 것은 적절했다.

밀너가 역사상 한 번만 일어났다는 이유로 연속혁명을 이례적인 일로 폄하하는 것도 잘못이다. 연속혁명 과정은 1927년 중국이나 1946년 베트남에서[**] 그랬

---

[*] 1980~1990년대에 중국과 베트남은 세계시장에 편입하는 방식으로 공업화를 이뤘다.

[**] 제2차세계대전이 끝나고 1945년 9월 영국·프랑스 군대가 인도차이나를 다시 점령하려 하자, 당시 사이공 인근 지역의 노동자들이 시민군을 조직해 무장봉기를 일으켰다. 그러나 호찌민이 이끄는 공산당 지도부는 이 봉기를 외면하고 봉기 지도부(트로츠키주의자들)를 색출해 살해한 다음 1946년 3월 베트남의 프랑스 귀속에 합의하는 협정을 맺었다.

듯 부분적으로나마 여러 차례 진행됐다. 이런 나라들에서 연속혁명이 완결되지 못한 것은 그것이 예외적인 과정이어서(또는 다른 과정들과의 결합이어서)가 아니라 그것을 끝까지 완수할 **혁명적 지도력**이 부재했기 때문이다. 중국 공산당은 스탈린의 지시로 손발이 묶여 있었고, 베트남에서는 혁명가들이 스탈린주의자들을 지도부에서 몰아내고 대체하기에는 너무 약하고 혼란돼 있었다.

클리프는 연속혁명과 그것의 '빗나간' 변형들의 실패를 논하면서 '빗나간' 연속혁명들이 철저한 공업 발전의 길을 열지 못했음을 지적하지 않았다. 그는 또한 혁명적 정당의 부재 탓에 프롤레타리아가 자신의 역사적 사명을 수행하지 못했다는 점도 (그의 주장에 함축돼 있기는 하나) 적시하지는 않았다. 그로 인해 클리프는 밀너가 제기한 것과 같은 비판에 문을 열어 준다. 이 같은 맹점은 그 자체로는 순전히 형식적이다. 그러나 [클리프가 간과한] 이 두 가지 논점은 그것과 연관된 정치적 교훈 때문에 중요하다.

첫째 논점은 국가자본주의를 포함한 자본주의가

제3세계 나라들의 가장 급박한 문제인 공업화의 문제를 해결하지 못한다는 것을 보여 준다. 둘째 논점은 오직 혁명적 마르크스주의 정당이 이끄는 노동계급만이 해결책을 제시할 수 있음을 분명히 해 준다.

이 두 가지 논점은 제3세계 문제를 다룬 트로츠키의 원숙한 저작들의 가장 중요한 측면이다. 따라서 우리가 같은 문제를 다룰 때 트로츠키의 연속혁명론을 출발점으로 삼는 것은 여전히 적절하다.

7장
임금노동

자본주의의 핵심에는 임금노동이 있다.

이미 살펴봤듯이, 자본주의를 규정하는 일차적 요소는 부르주아지의 존재가 아니다(따지고 보면 부차적 요소도 아니다). 자본 자체가 직접 생산자들의 창조물이고, 자본은 성숙한 형태를 취함에 따라 현대의 산업 프롤레타리아와 함께 성장한다. 즉, 자본은 어떤 의미에서는 프롤레타리아와 프롤레타리아가 과거에 한 노동 사이의 소외된 관계일 뿐이다. 자본축적을 가능케 하는 것은 노동계급에 대한 착취다. 마르크스는 프롤레타리아의 중요성을 아주 분명하게 밝혔다.

따라서 자본은 임금노동을 전제로 하고, 임금노동은

자본을 전제로 한다. 양자는 서로 상대방의 존재를 조건으로 한다. 양자는 서로를 낳는다.[1]

임금노동자에게는 노예나 농노와는 구별되는 근본적 특성이 있다. 임금노동자는 누군가의 재산으로 소유되지 않으며 평생 한 사람의 주인을 위해 일해야 하는 처지도 아니다. 동시에 임금노동자는 생산도구를 전혀 소유하지 않는다. 생산도구들을 독점하는 것은 지배계급이고, 임금노동자는 자신의 일할 능력, 즉 노동력만을 소유한다. 마르크스가 썼듯이 노동자는

이중의 의미에서 자유롭다. 즉, 노동자는 자유인으로서 자기의 노동력을 상품으로 처분할 수 있고, 다른 한편으로 자신의 노동력 말고는 상품으로 판매할 것이 전혀 없다.[2]

노동자는 임금을 대가로 자신의 노동력을 판매하는데, 임금의 크기는 그의 노동력을 재생산하는 데 투여되는 노동시간, 즉 노동력의 실제 가치에 근접하게

매겨진다. 그러나 작업장에서 발휘되는 이 노동력은 임금 이상의 가치를 창조할 수 있고, 이것이 잉여가치(이윤)의 원천이 된다. 이는 자본주의에 고유한 착취 양식으로, 마르크스에 따르면 자본주의를 다른 모든 사회체제와 구별해 주는 특징이다.

> 여러 경제적 사회구성체들 사이의 차이는, 예컨대 노예 노동에 근거한 사회와 임금노동에 근거한 사회 사이의 차이는 오직 이 잉여노동이 그 실제 생산자인 노동자로부터 추출되는 형태에 있다[강조는 나의 것 — 지은이].[3]

이를 감안하면, 소련 같은 사회를 국가자본주의로 해석하는 이론은 그런 사회에 "자유로운" 임금노동이 존재한다고 가정하는 것이 당연해 보인다. 그러나 피터 빈스와 마이크 헤인스는 비非국가자본주의 이론들을 비평한 최근 글에서 바로 이 가정에 의문을 제기했다. 그럼으로써 이들은 국가자본주의 이론 자체의 해소되지 않은 모순 하나를 들춰냈다.

빈스와 헤인스는 동구권 사회들을 자본주의도 사

회주의도 아닌 제3의 체제로 여기는 일부 논자들이 "소련에서 노동력은 상품일 수가 없는데, 그 이유는 노동력 구매자가 오직 한 기업(주식회사 소련)뿐인 상황에서는 진정한 노동시장이 존재할 수 없기 때문이다" 하고 주장한 것을 언급했다. 이에 대해 빈스와 헤인스는 "(순전히 그 자체로만 봤을 때) 이 주장에 대해서는 이견이 없다"고 밝혔다.[4]

이 구절이 거슬렸던 던컨 핼러스는 즉시 반박 글을 써서, 소련에서 노동력이 상품이 아니라고 하는 이론가들과 논쟁할 것을 촉구했다. "이는 결국 소련에 (마르크스가 말한 의미에서의) 프롤레타리아가 과연 존재하는지 여부를 다투는 논쟁이다."[5] 핼러스는 소련에 프롤레타리아가 존재한다고 답하면서 자신이 정설적 견해를 대변한다고 생각했음이 틀림없다. 그는 [1948년에] 클리프가 미국의 맥스 샥트먼을 반박하면서 쓴 주장을 원용했다.[6] 당시 샥트먼은 소련을 자본주의도 사회주의도 아닌 '관료적 집산주의' 사회라고 분석했고, 소련의 공장노동자들은 진정한 프롤레타리아가 아니며 소련 경제의 실제 기반은 노예노동이라는 생각을 발전시키고 있었다. 클리프는 그런 주장은 소련이 자본주의보다 더 반동적인 사회라는 함의가 있어서 서방 제국주의를 '차악'으로 지지하는 데로 나아가기 쉽다고 경고했다 (샥트먼은 실제로 그렇게 됐다).

그러나 비록 핼러스가 클리프의 샥트먼 반박을 선 례로 들 수는 있었지만, 빈스와 헤인스 주장의 이론적 기초는 클리프 자신의 저작에서 찾아볼 수 있는 것이 었다. 《소련 국가자본주의》에서 클리프는 일단 앞에서 인용한 "자유 노동"에 관한 마르크스의 진술을 다음 과 같이 풀어 썼다.

소련에서도 노동력이 상품인지를 알려면 노동력이 상 품이 되는 데 필요한 특수한 조건들이 무엇인지를 살펴 봐야 한다. 마르크스는 두 가지 조건이 있다고 말했다. 첫째, 노동자는 노동력 이외의 생계 수단이 전혀 없어 서 노동력을 팔아야만 한다. 즉, 생산수단에서 '자유로 워야' 한다. 둘째, 노동력의 유일한 소유자인 노동자는 자신의 노동력을 팔 수 있어야 한다. 즉, 노동력 판매는 자유로워야 한다(227쪽).

클리프는 이어서 이처럼 역설적인 자유는 노동자가 "자신을 주기적으로 판매하는 것에서, 자신의 주인을 바꾸는 것에서, 그리고 노동력의 시장가격이 변동하는 것에서" 나타난다고 지적한다(이 논지에 대해서는 뒤에서 다시 살펴볼 것이다).

다음으로 클리프는 소련에서는 이런 조건들이 충족되지 않는다고 했다.

만일 고용주가 한 명[국가 — 지은이]밖에 없다면, "주인 바꾸기"는 불가능해지고 따라서 "자신을 주기적으로 파는 일"도 단지 형식적인 일이 되고 말 것이다. 판매자가 많고 구매자가 한 명일 때도 계약은 형식적인 것이 되고 만다. …

틀림없이 소련에서도 "노동력의 시장가격이 변동"하고, 아마 다른 나라들보다 더 심하게 변동할 것이다. 그러나 여기서 내용은 형식과 모순된다(228쪽).

이어서 클리프는 소련의 임금수준은 궁극적으로 시장의 작동이 아니라 정부 계획으로 결정된다고 주장했다.[7] 그의 논리 전개를 따라가다 보면 소련 노동자들은 마르크스가 말한 의미의 프롤레타리아가 아니라는 결론에 도달할 수밖에 없다. 이렇게 보면 클리프는 샤트먼 류의 반론을 자초한 셈이다.

알렉스 캘리니코스가 이 혼란을 수습하기 위해 발 벗고 나섰는데, 결과는 반쯤 성공적이었다. 그는 먼저 어떤 임금노동이 자본주의에 필수적인지를 설명하면서 빈스와 헤인스를 길게 비판했다. 캘리니코스는 앞서 언급한 논점들을 다루고, 그에 더해 자본주의의 노동력에 요구되는 유연성과 이동성을 보장하기 위해서도 임금노동이 필요하다고 지적했다. 캘리니코스는 마르크스를 인용해 "자유로운 노동자의 노동이 노예의 노동보다 더 집약적이고 더 지속적이고 더 유연하며 더 능숙"한 이유는 "노예는 오직 외적 두려움인 채찍 아래서만 일할 뿐, 자신의 생존을 위해 일하지는 않기 때문"이라고 썼다.[8]

노예는 권위주의적 강압에 직접적이고도 불가피하게 예속되는 반면, 노동자는 생존을 위해 일자리가 필요하다는 점을 통해 더 간접적으로 통제받는다. 노동자의 생존 여부와 승진 여부 등은 어느 정도는 개인의 노력에 달려 있다. 그래서 노예제와 다르게 자본주의는 노동자들이 일정 정도의 주도력과 융통성을 발휘하도록 장려한다.

(그러므로 자본주의 초창기에 거칠고 권위주의적인 방식으로 노동규율을 강요했던 것은 일시적 현상이었다. 현대에도 그런 방식이 간혹 쓰이는 것은 대개 체제가 위기에 빠졌다는 징후다. 스탈린 시대 소련에서 강압적 노동규율이 강요된 것은 당시 소련이 서방 자본주의의 "시초 축적" 단계와 비슷한 시기를 경유하고 있었기 때문이다. 스탈린주의 사회들이 성숙함에 따라 그런 무지막지한 방식은 자취를 감추고 선진 자본주의 사회에서와 같은 간접적인 경제적 통제 방식이 우세해졌다.)

부르주아지의 관대함 때문이 아니라 바로 이런 이유들 때문에 자본주의 역사상 노예노동은 몇몇 특수하고 고립된 지역에서만 존재했다(남북전쟁 이전 미국 남부와 제2차세계대전 이전 소련). 자본주의에서는 "자유 노동"이 정상이며 그럴 수밖에 없다.

노동자들이 기술 변화에 적응하고 자본이 한 부문에서 다른 부문으로, 심지어 한 나라에서 다른 나라로 이동함에 따라 노동력도 함께 이동하려면 "자유노동"의 유연성과 이동성이 필요하다. 이 점은 소련에서도 마찬가지다. 실제로 소련에서는 노동자들을 오지로 끌어들이기 위해 임금 차등이 활용되기도 한다. 던컨 핼러스의 지적처럼, "노예 소유주들은 임금 차등을 활용할 필요가 없다."[9]

소련이 하나의 거대 기업이어서 노동력의 진정한 이동이 없고 노동자들에게 "주인을 바꿀" 자유가 없다는 주장에 답하며 캘리니코스는 두 가지를 주장했다. 첫째 답은 다음과 같다. "어떤 선진 자본주의 나라에서도 노동력의 이동률이 실제로 무제한적인 곳은 없다. 많은 노동자들이 평생 동안 같은 일자리에 고착돼 있고, 나라들 간에 노동자의 이동은 엄격히 제한되고 규제된다. 더욱이 전시에는 모든 자본주의 국가가 노동의 이동을 강력하게 통제하는 것이 대체적인 경향이다. 예컨대, 1940~1945년에 영국에서 어니스트 베빈이 노동부 장관으로서 독재적 권력을 휘둘렀지만 그렇다고 해서 당시의 영국이 자본주의가 아닌 체제로 바뀌지 않았음은 물론이다."[10] 맞는 말이지만 핵심을 짚은 것은 아니다. 클리프의 논리대로라면 소련에서는 노동력 이동이 전무하다. 게다가 비상시국에 일시적으로만 그런 것이 아니라 영속적으로, 그리고 체제 고유의 논리 때문에 그렇다.

캘리니코스의 둘째 답은 좀 더 수긍할 만하다. "소련이 '하나의 거대한 공장'이라는 가정은 우리가 임금노동 문제를 논의하게 될 때 무너진다. 왜냐하면 소련은 공장이 아니기 때문이다. 그것은 국민경제, 즉 상이한 생산 활동들이 접합된 체제이며, 따라서 각 생산 부문들 사이에 노동력을 분배하는 문제에 직면하게 된다."[11] 캘리니코스는 임금노동 시스템이 이 문제를 해결해 준다고 한다.

그렇지만 이렇게 해도 이론적 난점이 완전히 해소되지는 않는다. 만약 사장들이 노동력 확보를 위해 서로 경쟁하는 상황에서 노동력이 "자유롭게" 판매되고 주기적으로 재판매되는 것이 자본주의의 근본적 특성이라고 한다면, 우리는 여전히 소련이 그런 경우에 해당하는지를 물어야만 한다. 어쨌든 소련에서 "주인 바꾸기"는 불가능하다. 노동자들이 사업체를 바꿀 수 있는 것은 사실이고, 여러 사업체들 간에 노동자를 분배하는 데 임금노동이라는 형식이 사용되는 것도 사실이다. 그러나 모든 사업체가 결국 하나의 자본(국가자본)에 속한다면, 클리프가 말한 "내용이 형식과 모순되는" 상황으로 되돌아오는 것이 아닌가?

클리프의 논리를 받아들인다면 "그렇다"고 답해야 할 것이다. 그러나 클리프의 논리는 틀렸고, 마르크스의 논지와도 다르다. 왜 그런지 알아보기 위해 클리프가 출발점으로 삼은 《자본론》의 구절을 다시 한 번 살펴보자.

노동력이 상품으로 시장에 나타날 수 있는 것은 오직 그 노동력의 소유자가 그것을 상품으로 팔거나 팔기 위해 내놓는 한에서다. 그렇게 하려면 노동력 소유자는 자신의 일할 능력, 즉 자신의 인격을 처분할 수 있고 아무 제약 없이 소유해야 한다. 그와 화폐 소유자는 시장에서 만나 동등한 권리자로서 서로 거래를 하는데, 둘 사이의 차이는 한쪽이 구매자고 다른 쪽이 판매자라는 것뿐이다. … 이 관계가 유지되려면 노동력 소유자는 일정 기간만 노동력을 팔아야 한다. 왜냐하면 노동력을 뿌리째, 돌이킬 수 없이 팔아 버리면 그는 자신을 팔아 넘기는 것이 되므로 자유인에서 노예로, 상품 소유자에서 상품 자체로 전락하기 때문이다.[12]

우선 주목할 점은 클리프에게 그토록 중요했던 "주인 바꾸기"에 관한 언급이 여기에는 없다는 것이다. 마르크스가 주인 바꾸기를 언급하는 것은 거의 500쪽 뒤에서이고, 곧 살펴보겠지만 다소 다른 맥락에서였다. 마르크스는 분명 "자유" 노동의 필요성을 역설하기는 한다(노동자들이 언제든 노동력 판매 여부를 선택할 수 있어야 하고, 영원히가 아니라 일시적으로 판매해야 하는 등등). 그러나, 그와 동시에, 그가 상품의 생산이 아니라 교환 영역에 속한 특수한 문제(노동력 판매)를 논하고 있음도 분명하다. 언뜻 사소해 보이는 이 지점이 사실은 대단히 중요하다.

마르크스는 《자본론》의 초반부 장들에서 자기 이

론의 기본 개념들을 전개했다. 개별 상품에서 시작해 상품의 유통으로, 그리고 교환 과정으로 넘어갔고 마침내 노동력이라는 특수한 상품의 교환을 논했다. 앞에서 인용한 구절은 바로 이 대목에서 등장한다. 해당 장이 교환 형태를 집중 조명하는 장인 만큼, 노동력 상품의 구체적 교환 형태가 크게 강조된 것은 불가피하다.

그러나 동시에 이 구절에는 마르크스가 교환에 관한 논의를 자기 이론의 핵심으로 삼으려 하지 않았다는 분명한 경고가 담겨 있다. 노동자와 사용자는 "시장에서 만나 동등한 권리자로서 서로 거래를 한다"고 하지만, 당연하게도 자본주의 사회는 실제 동등한 권리를 보장하지 않는다. 그 권리는 교환 영역에서 형식적으로 존재할 뿐, 생산과정에서 즉시 박탈된다. 마르크스의 분석에서 핵심적인 것은 바로 이 생산과정이다.

마르크스는 교환 영역이 부르주아 사회에 존재하는 모든 환상의 발원지라고 썼다. 그곳은 "사실 인간의 천부적 권리들의 에덴동산이다."[13] 교환 영역에서는 노동의 "자유"가 절대로 중요하다. 그런데 생산과정의 맥락에서 임금노동을 논할 때 마르크스의 강조점은 이와 사뭇 다르다.

> 자본주의적 생산은 … 노동자를 착취하기 위한 조건을 재생산한다. 노동자로 하여금 생존을 위해 끊임없이 노동력을 판매하도록 강요한다. … 자본가와 노동자가 시장에서 구매자와 판매자로 만나게 되는 것은 더는 우연이 아니다. 생산과정 자체가 끊임없이 노동자를 노동력 판매자로서 다시 시장으로 내던지고, 또한 끊임없이 그의 노동 생산물을 다른 사람이 차지해서 그를 구매할 수 있는 수단으로 쓰게 해 준다. 현실의 노동자는 그가 자신을 자본에 팔기도 전에 이미 자본에 속한다. 노동자의 주기적 자기 판매와 주인 바꾸기, 그리고 노동력의 시장가격 변동은 노동자의 경제적 예속을 불러오는 동시에 그것을 은폐한다.[14]

여기서 마침내 "주인 바꾸기"와 "노동력의 시장가격 변동"에 대한 마르크스의 언급이 나오지만, 맥락상 이것들은 여러 고려 사항들 가운데 하나일 뿐이고 그다지 중요하지도 않다. 무엇보다 "주인 바꾸기" 등은 주로 실체를 왜곡하는 기능을 하는 것으로, 즉 "자유 노동"의 외관을 빌어 노동자의 "경제적 예속"을 가리는 것으로 서술된다. 정작 핵심적인 것은 "주인 바꾸기"도 노동력의 주기적 재판매도 아닌, "자신의 노동력을 판매하도록 노동자를 강요"하는 "노동[력]과 노동수단의 분리다." 교환 과정에서 나타나는 외관과는 달리 노동자의 현실적 처지는 노예와 꽤 비슷하다. "다른 사람이 그를 구매할 수 있"다!

"노동력의 시장가격 변동"에 관해 또 하나 지적할 점이 있다. 클리프는 노동력 가격이 자본들 간의 경쟁으로 결정될 뿐이라고 가정한다. 그런데 실은 계급투쟁도 일정한 구실을 한다. 동구권 노동자들도 계급투쟁을 벌이고 자신의 노동력 가격을 두고 협상을 한다는 데는 의심할 여지가 없다. 때로 이런 활동은 폴란드의 연대노조처럼 합법적 노동조합운동의 형태를 취하기도 한다. 그러므로 클리프는 마르크스보다 훨씬 더 노동력의 교환 형식을 강조했을 뿐 아니라 이상하게도 계급투쟁이라는 요소를 모조리 간과한 것이다.

그렇다고 해서 교환 형식이 중요하지 않다는 말은 아니다. 소련에서 자유로운 노동력 판매가 부분적으로 제한된 것은 국가자본주의가 노쇠한 자본주의의 한 단계이고 체제의 부분 부정임을 보여 주는 또 다른 징후라 할 수 있다. 국가자본주의는 클리프의 표현처럼 "사회주의 혁명이라는 동전의 뒷면으로서 사회주의로 이행하는 단계"이며, 이를 설명하기 위해 마르크스의 원래 개념들 일부가 수정돼야 한다는 것은 놀라운 일이 아니다. 이는 노동력의 교환에도 적용되는 이야기다.

그럼에도 동구권 노동자들이 프롤레타리아임에는 의심할 여지가 없다.

8장
경제 위기

스탈린주의 국가들이 대다수 노동자들에게 오랫동안 매력적으로 보였던 이유는 그 국가들이 경제 위기를 겪지 않는 듯하다는 점이었다. 세계 도처에서 실업이 넘쳐나던 1930년대에 소련은 홀로 안정과 성장을 구가하는 듯했다. 전후 시기 초반에도 소련의 성장률은 미국보다 확연히 높았다. 소련 지도자 니키타 흐루쇼프는 1950년대에 심지어 소련이 서방을 경제력으로 "매장하겠다"고 큰소리쳤다.

그런데 폴란드 경제가 불황에 빠진 뒤로는 동구권도 전혀 위기로부터 자유롭지 않다는 것이 밝히 드러났다. 이 점은 대단히 중요한데, 경제 위기의 발생은 이들 국가가 사회주의라는 주장에 치명타를 가하기 때문이다.

그러나 경제 위기 자체가 이들이 자본주의 국가임을 증명하지는 않는다. 세계사에서 경제적 혼란을 겪은 사회는 자본주의 외에도 많다. 국가자본주의 이론의 올바름을 입증하려면 자본주의에 고유한 경제 위기의 특성들을 살펴보고 그것들이 동구권의 경제 위기에도 적용됨을 밝혀야 한다.

마르크스주의 경제 위기 이론

지면 제약 때문에 이하에서는 마르크스주의 경제 위기론의 대략적 윤곽만을 그려 볼 수 있을 것이다. 마르크스주의 경제 위기론은 서로 연관된 두 개의 축으로 구성된다. 하나는 "경기순환"이라고도 불리는 자본주의의 주기적 팽창과 수축을 다루고, 다른 하나는 자본축적이 이윤율을 하락시키는 더 장기적인 추세를 다룬다.

트로츠키는 자본주의가 숨 쉬는 사람과 같다고 말

한 바 있다. 들숨(팽창)과 날숨(수축) 모두 사람의 건강에 필수적이라는 것이다. 자본가들은 경제 활황기에 한몫 챙기기 위해 생산을 확장한다. 그러나 경제가 성장하는 와중에 노동력과 자재의 공급이 수요를 따라잡지 못해 임금과 물가가 상승한다. 그러면 이윤이 줄어들어 기업들이 생산을 줄인다. 노동자들이 해고되고, 이 탓에 생산물 수요가 하락하면서 경기가 더욱 악화한다. '경기 침체'가 도래하는 것이다.

경기 침체는 고통스럽고 일부 자본들에게는 치명적이다. 그러나 체제 전체를 위해서는 유용하기도 하다. 허약한 자본들이 파산하고, 강한 자본들이 그들을 집어삼키면서 체제가 합리화된다. 결국 이윤이 회복되고 경제는 성장을 재개해서 다음번 불황 때까지 확장을 거듭한다.

여기까지는 부르주아지가 이해하는 '경기순환'을 묘사한 것이고 그럭저럭 정확한 묘사다. 그런데 마르크스는 이보다 더 깊은 문제를 발견했다. 자본주의가 성장할수록 노동력에 비해 생산수단이 비대해진다. 마르크스의 표현으로는 "가변자본"에 대한 "불변자본"의 비율이 커진다. 이윤의 원천은 새로 창조된 가치고, 가치를 새로 창조하는 것은 오직 인간의 노동뿐이기 때문에, 생산수단에 투자되는 자본 비중이 커지면 총투자에 대한 수익률이 하락한다. 그래서 이윤율이 하락하는 경향이 생긴다.

따라서 자본축적은 성장 지속에 장애물이 된다. "자본주의 생산의 진정한 장벽은 자본 자체다."[1]

경기순환이라는 주기적 위기는 이 문제를 극복하는 데 도움을 준다. 허약한 기업들을 파산시키고 이들의 생산수단을 더 강한 기업들이 헐값에 인수하게 해 줌으로써 경제 위기는 생산수단에 대한 평균 투자 비용을 끌어내린다. 이 덕에 살아남은 기업들의 이윤율이 호전되고 경기가 회복된다.

그럼에도 장기적으로는 이윤율이 점점 압박을 받는 경향이 있다. 마르크스는 이 문제가 결국 자본주의를 고사시킬 것이라고 봤다. 그리고 비록 아직은 자본주의의 죽음을 점치기는 성급하겠지만 지금의 장기화된 세계경제 불황의 근본 원인이 이윤율 하락에 있음은 의심할 여지가 없다.

스탈린주의 체제의 옹호자들은 이 두 가지 유형의 경제적 문제가 동구권에서는 발생할 수 없다고 말한다. 그들 말로는 국가 계획으로 경기순환은 제거됐고 이윤 체제가 존재하지 않으므로 이윤율이 문제 될 것도 없다고 한다. 스탈린주의 국가들의 현실이 과연 그런지는 뒤에서 살펴보겠지만, 일단 몇 가지 이론적 문제를 짚어 보자.

국가 계획으로 경기순환을 억제할 수 있을까? 분명 어느 정도는 그럴 수 있다. 수요가 공급을 앞지르지 않도록 성장 속도를 조절함으로써 병목현상을 방지하는 것은 일정 부분 가능하다. 물자가 과잉 공급된다면 수요가 회복될 때까지 국가가 물자를 저장할 수 있다. 정치적 결정을 내려 국가가 일자리를 보전하고 금융 지원으로 경영난에 처한 기업들의 붕괴를 막을 수도 있다.

그러나 여기에는 두 가지 단서를 달아야 한다. 첫째, '사회주의' 국가들만 이런 조처를 하는 것이 아니다. 서방 국가들도 1930년대 이후 많거나 적게 취한 조처들이다. 둘째, 동구권의 전면적 국영 경제에서도 그런 조처들은 제한적 효과만 있으며 그 대가가 만만치 않다.

앞서 말한 대로 주기적 경제 위기는 자본주의에 유익한 구실(비효율적 자본을 파괴하고 이윤율 회복을 돕는 구실)도 한다. 국가 운영자들이 경제 위기 메커니즘을 억누르면 그 이점도 포기하는 셈이다. 예컨대 비효율적 기업들이 오랜 기간 인위적으로 유지될 수 있다. 이는 단기적으로는 안정을 가져올 수 있지만 장기적으로는 경제를 침체시키는 중요한 요인이 된다.

그리고 곧 살펴보겠지만, 국가 개입은 경기순환을 억제하는 데 놀라우리만치 효과가 없었다.

이윤율에 관해 말하자면, 서방식의 사적 이윤을 철폐하면 이윤율 문제도 사라진다는 생각은 완전히 틀렸다. 국가도 투자를 하기 때문이다. 국가는 나머지 세계와 경제적 또는 군사적으로 경쟁해야 한다는 단순한 이유 때문에 투자에 대한 수익률에 지대한 관심을 기울인다.

서방에서와 마찬가지로 [국가자본의] 이윤은 대부분 생산수단에 재투자되는데, 경쟁에서 생존하려면 생산성을 증대시켜야 하기 때문이다. 그러나 이처럼 노동력에 비해 생산수단이 거대해지는 것은 전통적 자본주의에서와 똑같은 효과를 낳는다. 즉, 이윤율이 하락한다. 서방에서와 마찬가지로 소련에서도 "자본주의 생산의 진정한 장벽은 자본 자체다." 오직 생산의 목적이 자본 간의 경쟁적 축적이 아니라 인간의 필요 충족에 있는 사회에서만 경제 위기는 종식될 것이다.

국가자본주의 경제 위기의 구체적 특성

1960년대 중반 들어 동유럽 경제학자들은 동구권에도 경기순환이 존재한다는 것을 발견했다. 체코슬로바키아 경제학자들인 골드만과 코우바는 1969년에 다음과 같이 지적했다.

체코슬로바키아·동독·헝가리의 공업 생산 동향을 분석해 보면 흥미로운 그림이 나온다. 생산 증가율이 비

교적 규칙적인 등락을 보인다. 생산재 부문만 놓고 보면 그런 등락은 더욱 두드러진다.[2]

크리스 하먼은 《동유럽에서의 계급투쟁》에서[*] 이 경기순환을 국가자본주의 이론으로 설명했다. 하먼은 우선 이런 생산 활동의 등락이 꽤나 심각했음에 주목한다.

이런 등락 폭은 1950년대와 1960년대 프랑스보다 체코슬로바키아에서, 그리고 1970년대 말과 1980년대 초 어떤 서방 국가보다도 폴란드에서 확연히 더 컸다. 1966~1974년에는 저점 연도와 고점 연도 사이의 평균 성장률 차이가 동독은 50퍼센트, 불가리아는 100퍼센트, 소련은 130퍼센트, 폴란드는 288퍼센트에 달했다.[3]

전통적 자본주의에서 경기 침체는 자본의 "과잉 축적" 때문에 발생한다. 투자 증대로 경제가 확장되다 보

---

[*] 국역: 《동유럽에서의 계급투쟁》, 갈무리, 1994.

면 노동력과 자재 공급이 부족해져 물가가 인상되는 시점이 오고, 그 결과 생산이 위축된다. 동구권에서도 "과잉 축적"이 문제의 원인이다. 다른 나라들과의 경쟁에서 뒤처지지 않으려고 지배 관료는 비현실적 투자 목표를 설정하고, 국유 기업들은 이 목표마저 초과하는 투자를 단행한다. 결국 물자 공급이 이를 받쳐 주지 못하고, 경제가 이른바 "원자재 장벽"에 부딪히면서 멈춰 서고 만다. 하먼은 그다음에 벌어지는 사태를 다음과 같이 서술한다.

일부 투자 사업을 완료하기 위해 다른 투자 사업에 쓸 원자재와 부품을 끌어다 썼고, 그리되면 다른 투자 사업들은 '동결'된 채 몇 년을 허비해야 한다. 이렇게 중단된 사업에 자원이 통째로 묶이는 바람에 막대한 경제적 낭비가 초래된다. 일부 완료되는 사업도 있지만, 동결된 다른 사업이 완료되기 전에는 아무 쓸모가 없는 제품을 생산하게 되는 일도 많다. 예컨대 타이어 공장은 완공됐지만 자동차 공장은 아직인 경우다. 당장은 쓸 일이 없는 타이어 재고만 쌓여 갈 뿐이다.

이 두 가지 유형의 낭비가 합쳐지면 그 규모는 서방의 경기 침체가 낳는 낭비에 필적할 만하다. 1961~1964년 헝가리 국민소득의 8퍼센트가 이런 식으로 낭비됐다. … 1960~1963년에는 사용처 없는 재고 누적으로만 폴란드 국민소득의 5~8퍼센트가 낭비됐다.[4]

마침내 일부 사업이 완료돼 제 기능을 하기 시작하면 경제가 침체를 벗어나 고속 성장을 재개하기는 한다. 그러나 대개는 성장이 너무 빨라 또다시 "원자재 장벽"에 부딪히는 패턴이 반복된다.

동서를 막론하고 경제성장은 장기적으로 자동화를 수반한다. 생산수단이 살아 있는 인간 노동을 대체하는 것이다. 이는 이윤율을 하락시킨다. 축적이 진행될수록 일정한 수익률을[*] 창출하는 데 더 많은 투자가 필요해진다. 이 같은 이윤율 저하 경향이 국가자본주

---

[*] 지은이가 참고한 문헌(후주 6)을 보면 '성장률'이라고 써야 할 것을 잘못 쓴 듯하다. 이윤율이 하락하면 투자를 늘려도 수익률을 유지할 수 없다.

의 나라들에도 존재함은 의심할 여지가 없다. 소련의 경제 전문가들 자신이 이윤율 추이를 다음과 같이 추산했다.

소련: 이윤율 하락[5]

	1960년	1964년	1968년	1972년
지표 1	83.2	71.3	67.2	62.9
지표 2	60.4	52.1	49.4	46.6

지표 1: 연초 기준 생산적 고정자본 대비 국민소득 비율(퍼센트).
지표 2: 연초 기준 생산적 고정자본·운전자본 총계 대비 국민소득 비율(퍼센트).

출처: T Khachaturov, *Problems of Economics*, XVI, 1973, p 9.

수익률 하락 탓에 성장률을 유지하기도 갈수록 어려워졌다.

성장률 추세(퍼센트)[6]

	1950~1955년	1955~1960년	1960~1965년	1965~1970년
소련	11.3	9.2	6.3	4.0
체코슬로바키아	8.0	7.1	1.8	3.4
폴란드	8.6	6.6	5.9	6.7
불가리아	12.2	9.7	6.5	4.5

마르크스에게 이윤율 저하 경향은 자본주의 사회의 한계를 명확하게 드러내는 징표였다. 그것은 노동생산성을 향상시켜 풍요로운 세계를 가져와야 마땅한 바로 그 요인들에서 비롯한다. 그런데 자본주의 사회에서는 생산성 향상이 풍요가 아닌 경제 위기를 부른다는 점은 자본주의가 인류 진보의 장벽임을 보여 준다. 그리고 이윤율 저하 경향이 스탈린주의 국가들에서도 나타나는 것을 보면, 이들 국가도 반동적 사회질서를 대변함을 분명히 알 수 있다.

생산수단에 체화된 과거의 노동이 현재의 살아 있는 노동자들에게 해방의 도구가 아니라 억압적 힘으로 작용한다는 것은 소외된 사회의 특징이며, 이는 사회주의와 정확히 반대된다. 마르크스는 이 점을 《공산당 선언》에서 아주 날카롭게 지적했다.

부르주아 사회에서 산 노동은 축적된 노동을 증가시키기 위한 수단일 뿐이다. 공산주의 사회에서 축적된 노동은 노동자의 생활을 향상시키고 풍요롭게 하며 증진하는 수단일 뿐이다.[7]

자급자족 경제의 종말

스탈린의 '일국사회주의'론은 세계경제로부터 고립된 채 공업화를 이루겠다는 구상이었다. 소련은 워낙 공업이 낙후했기에 그 기업들이 서방과의 경쟁을 버텨 낼 재간이 없었다. 그래서 국가가 외국과의 경쟁을 틀어막은 것이다. 소련 관료들은 서방에 대한 의존을 낳을 외국인 투자와 대외 부채도 기피했다. 전후 시기에 동서가 냉전으로 갈라서게 된 데는 동유럽 경제들도 서방으로부터 고립시키려 한 소련의 의도가 한몫했다(1960년대에 중국은 한 걸음 더 나아가 서방만이 아니라 소련의 원조와 투자마저 거부했다).

그러나 스탈린주의 경제들이 성숙해지면서 이런 자급자족 경제체제를 유지하기는 어려워졌다. 성장률이 둔화하자 많은 국가 관료들은 서방 경제의 풍부한 신용과 첨단 기술을 부러워하기 시작했다.

소련은 "사회주의 세계 체제"를 서방에 개방하는 것에 가장 소극적이었다. 소련은 천연자원이 풍부한 비교적 후진적인 경제로서 그 위성국가들보다는 독자

생존력이 나은 편이었다. 게다가 소련으로서는 서방과의 경제적 교류가 가져올 정치적 위험을 경계할 만했다. 그렇지만 처음에는 경제 논리 때문에 개방이 대세인 것처럼 보였다. 크리스 하먼은 다음과 같이 썼다.

> 1970년대 초에는 서방에 경제를 개방한 나라들이 더 나은 선택을 한 것처럼 보였다. 소련의 성장률이 계속 지지부진하는 동안 이들 나라는 대외무역과 차관에 힘입어 성장률이 증가했다. 폴란드는 1971~1975년 연평균 실질 순생산 증가율이 9.8퍼센트라고 발표했고 헝가리는 6.3퍼센트를 기록했다. 소련은 5퍼센트에 그쳤다.[8]

이들의 구상은 외국 돈을 빌려 새로운 공장과 설비에 투자하고 생산을 늘려 서방에 수출하겠다는 것이었다. 수출 대금으로 외채를 갚고 이윤도 남길 셈이었다. 동유럽 국가들은 사업 확장을 위해 돈을 빌리고, 예상되는 수익으로 부채를 추후에 갚으려 하는 여느 자본주의 기업들과 똑같이 행동한 것이다. 그리고 여느 자본주의 기업과 마찬가지로 이들은 1974년에 불어닥친 경제 위기에 꼼짝없이 휘말렸다.

동유럽에서는 투자가 이끈 경제성장으로 노동력과 자재에 대한 수요가 증가했고 둘 다 가격이 상승했다. 한편 세계 자본시장에서는 금리가 인상되고 수출 시장이 얼어붙었다. 동구권 국가들의 이윤은 이자 갚기에도 모자랄 지경으로 떨어졌다.

서방에 경제를 개방하는 길에는 곳곳에 위험이 도사리고 있음이 드러났다. 개방 덕분에 저성장과 주기적 위기 같은 문제들이 일시적으로 해결된 듯했지만 이내 더 무서운 기세로 되돌아왔다. 이를 타개하기 위해 스탈린주의 관료들이 취할 수 있는 유일한 대책은 (서방 자본가들의 경우와 똑같이) 노동계급의 생활수준을 공격해서 위기의 대가를 노동자들이 치르게 하는 것밖에 없어 보였다. 그러나 외채 문제가 가장 심각했고 따라서 위기의 직격탄을 맞은 폴란드에서는 그런 공격이 오히려 강력한 노동계급 반란을 촉발했다. 이 반란은 결국 칠레식의 군사 쿠데타로 진압됐다.[*]

---

[*] 1980년 폴란드에서 육류 가격 상승에 항의하며 시작된 파업이

1981년이 저물 즈음에는 현실을 의도적으로 무시하지 않는 이상 동유럽을 사회주의라 말하기가 어려워졌다. 물론, 애당초 인간 해방에는 전혀 관심 없던 '사회주의자'들은 예외였다.

결론

지금껏 살펴봤듯이, 소련과 동유럽의 자칭 '사회주의' 사회들은 그 성장에서부터 안착, 위기에 이르기까지 전 과정에 걸쳐 자본주의의 본질적 특성들을 모두 보여 준다. 이 체제들이 전통적 자본주의 체제와 다른 점은, 국가 주도로 자국 경제의 후진성을 극복하기 위해 후기 자본주의를 특징짓는 독점화와 국가 개입 강화 경향을 극단까지 빌어붙였다는 점이다. 따라서 이

노동자 1000만 명을 포괄하는 대중적 노동조합(연대노조) 결성으로 이어지며 이중권력 상황으로 발전했다. 그러나 1981년 말 폴란드 정부가 소련의 지원을 받아 쿠데타를 일으켜 연대노조 운동을 파괴했다.

체제들은 어떤 면에서는 사회주의에 가장 가까운 형태의 자본주의다. 그러나 다른 면에서는, 특히 사회·정치 질서가 전체주의적이라는 면에서는 서방 민주주의보다도 더 사회주의의 이상과 동떨어져 있다. 이런 모순된 패턴을 보면 쇠퇴기에 접어든 자본주의에 대해 로자 룩셈부르크가 한 논평이 떠오른다.

> 자본주의 사회의 생산관계들은 점점 더 사회주의 사회의 생산관계들을 닮아 간다. 그러나 다른 한편으로 자본주의의 정치적·법률적 관계들은 자본주의 사회와 사회주의 사회 사이에 갈수록 높아지는 장벽을 세운다. … 오직 혁명이라는 망치의 일격만이, 다시 말해 프롤레타리아의 정치권력 장악만이 이 장벽을 무너뜨릴 수 있다.[9]

프롤레타리아가 권력 장악에 다가가려면 마르크스주의의 분석 도구가 필요하다. 그런 분석 도구가 서방의 부르주아지에 맞서 싸우는 데서 유용한 만큼이나 스탈린주의의 벽을 무너뜨리는 데도 유용함을 보여 주려는 것이 이 책의 목적이다.

후주

권두 인용문

1 Friedrich Engels, *Anti-Dühring*, Peking 1976, p 360.

2 Nigel Harris, *Of Bread and Guns*, Pelican 1983, p 123에서 인용.

1장 자본주의란 무엇인가?

1 *Capital III*, Moscow 1974, p 815.

2 *Capital I*, Moscow 1978, p 79.

3 *Capital I*, p 85.

4 *Capital I*, p 224.

5 *Capital III*, p 815.

6 *Grundrisse*, Penguin, 1977, p 258.

7 *Capital I*, p 555.

8 *Capital I*, p 558.

9 *Capital I*, p 715.

10 *Capital III*, p 436.

11 Peter Binns, "The Theory of State Capitalism", *International Socialism* 1:74, January 1975, p 22[국역: "국가자본주의란 무엇인가?", 《IV 국가자본주의: 국제주의 전통 자료집》, 책갈피, 2018]

에서 인용.

12 *Capital I*, pp 587~588.

13 *Capital III*, p 436.

14 *Capital III*, p 438(엥겔스의 주석).

15 "The Communist Manifesto", *Marx/Engels Selected Works*, International Publishers, New York 1968, p 52.

16 "Economic and Philosophical Manuscripts of 1844", Karl Marx, *Early Writings*, Vintage, New York 1975, p 347. 원문의 강조 바꿈.

2장 후기 자본주의와 제국주의

1 "The Communist Manifesto", 앞의 책, p 39.

2 V I Lenin, "Introduction" to Nikolai Bukharin, *Imperialism and World Economy*, Merlin, London 1972, p 10[국역: 《세계 경제와 제국주의》, 책갈피, 2018].

3 Bukharin, 앞의 책, p 40.

4 같은 책, p 70.

5 같은 책, pp 122~123.

6 같은 책, p 124.

7 같은 책, pp 124~125.

8 같은 책, p 75에서 인용.

9 Nikolai Bukharin, *Economics of the Transition Period*, Bergman Publishers, New York 1971, p 52[국역: 《과도기 경제학》, 백의, 1994].

10 같은 책.

3장 러시아에서 무슨 일이 있었나?

1 Max Shachtman, "The Struggle for the New Course", introduction to Leon Trotsky, *The New Course*, Ann Arbor 1965, p 125에서 인용.

2 Alec Nove, *An Economic History of the USSR*, Pelican, 1972, p 206에서 인용[국역: 《소련경제사》, 창비], 1998].

3 Nove, 앞의 책, p 207.

4 *Capital I*, p 689.

5 Isaac Deutscher, *Stalin*, Pelican 1968, p 328에서 인용.

6 Leon Trotsky, *The First Five Years of the Communist International*, Pathfinder, New York 1972, p 23.

7 Leon Trotsky, Letter to Borodai. Max Shachtman, *The Bureaucratic Revolution*, The Donald Press, New York 1962, p 97에 수록.

8 Shachtman, 같은 글, p 94에서 인용.

9 같은 글, p 94에서 인용.

10 같은 글, p 38에서 인용.

11 *Writings of Leon Trotsky 1929*, Pathfinder, New York 1975, p 215.

12 Leon Trotsky, "The Death Agony of Capitalism and the Tasks of the Fourth International," in *The Transitional Program for Socialist Revolution*, Pathfinder, New York 1973, p 106.

4장 소련 제국주의와 트로츠키주의의 위기

1 Winston Churchill, *The Second World War*, Vol VI, London

1954, p 198[발췌 국역: 《제2차세계대전》, 까치, 2016].

2   Chris Harman, *Class Struggles in Eastern Europe*, Pluto, London 1983, pp 19~20에서 인용[국역: 《동유럽에서의 계급투쟁》, 갈무리, 1994].

3   같은 책, p 31에서 인용.

4   프라하 사태의 진실에 관한 자세한 기록은 크리스 하먼 책의 이전 판인 Chris Harman, *Bureaucracy and Revolution in Eastern Europe*, Pluto, London 1974, pp 46~48을 참조.

5   *The Origins of the International Socialists*, Pluto, London 1971, p 60에서 인용.

6   같은 책, p 61에서 인용.

7   같은 책에서 인용.

5장 소련에 관한 토니 클리프의 분석

1   Tony Cliff, *State Capitalism in Russia*, Pluto Press, London 1974[국역: 《소련은 과연 사회주의였는가?》, 책갈피, 2011].

2   *Capital I*, pp 555, 558. 이 책의 17쪽도 참조.

3   여기서 클리프는 마르크스의 방식대로 이 문제를 다루고 있다. *Capital III*, pp 436~438(또한 이 책의 20~21쪽)과 비교해 보라.

6장 연속혁명

1   Tony Cliff, *Permanent Revolution*, Socialist Workers' Party, London 1983[국역: "빗나간 연속혁명", 《I-3 마르크스주의의 기초와 그 고전적 전통: 국제주의 전통 자료집》, 책갈피, 2018].

2   상황 변화로 인해 오늘날[1980년대] 제3세계 혁명들은 철저한 산업 국유화로 나아가는 데 애를 먹고 있다. 니카라과와 남아

프리카의 상황에 대해서는 Peter Binns, "Revolution and State Capitalism in the Third World", in *International Socialism* 2:25, Autumn 1984를 참조하라. 클리프의 글에 대해서는 몇 가지 더 사소하게 비판할 지점이 있는데, 독자가 문의한다면 기꺼이 공유할 의향이 있다.

3 Andrew Milner, "The Prophet Unharmed", *International Socialist* (Melbourne) No 11, Autumn 1981, pp 28~29.

4 이 사실이 의심스럽다면 Nigel Harris, *India/China: Underdevelopment and Revolution*, Vikas, Delhi 1974, p 280부터의 내용을 보라.

7장 임금노동

1 Karl Marx, "Wage Labour and Capital" in *Marx/Engels Selected Works*, London 1968, p 83.

2 *Capital I*, p 166.

3 *Capital I*, p 209.

4 Peter Binns and Mike Haynes, "New Theories of Eastern European Class Societies", *International Socialism* 2:7, Winter 1980.

5 Duncan Hallas, "Eastern European Class Societies" (letter), *International Socialism* 2:9, Summer 1980, p 129.

6 Tony Cliff, "The Theory of Bureaucratic Collectivism — A Critique", in *The Origins of the International Socialists*, Pluto, London 1974. 특히 p 89부터의 내용을 보라.

7 Tony Cliff, *State Capitalism in Russia*, Pluto, London 1974.

8 Alex Callinicos, "Wage Labour and State Capitalism",

International Socialism 2:12, p 100에서 인용[국역: "임금노동과 국가자본주의", 《소련은 과연 사회주의였는가?》, 책갈피, 2011].

9 Hallas, 앞의 책, p 130.

10 Callinicos, 앞의 책, p 111.

11 같은 책, p 113.

12 *Capital I*, p 165.

13 *Capital I*, p 172.

14 *Capital I*, pp 541~542.

8장 경제 위기

1 *Capital III*, p 250.

2 Chris Harman, *Class Struggles in Eastern Europe*, Pluto, London 1983, p 288.

3 같은 책, p 289.

4 같은 책, p 290.

5 Peter Binns and Mike Haynes, "New Theories of Eastern European Class Societies", *International Socialism 2:7*, Winter 1980, p 40에서 인용.

6 같은 책, p 39에서 인용.

7 Marx/Engels, "The Communist Manifesto", 앞의 책, p 48.

8 Harman, 앞의 책, p 297.

9 Rosa Luxemburg, *Reform or Revolution*, Pathfinder, New York 1970, p 24[국역: 《사회 개혁이냐 혁명이냐》, 책세상, 2002].

찾아보기

ㄱ

가치법칙 33~38, 70~75
강제 노동 수용소 44, 85
게오르기에프, 키몬(Georgiev, Kimon) 60
경기순환 119~125
골드만, 요세프(Goldmann, Josef) 124
《공산당 선언》 22, 24, 78, 129
관료적 집산주의 56, 105
교환가치 34
(국민)국가화 30, 47, 51, 96~99
국유화 22, 50, 59, 61, 62, 66, 67, 138
국제사회주의자들(IS) 69
국제화 24, 25, 30, 32
군비경쟁 29
그리스 57

ㄴ

나치 27

냉전 28, 29, 61, 130
네프맨 42
노동자 국가 49, 53, 55, 56, 63, 64, 67, 68, 75~79, 83
노브, 알렉(Nove, Alec) 44
노예노동 44, 104, 105, 109
뉴딜 27
니카라과 9, 138

ㄷ

대불황(1870~1880년대) 25
대불황(1930년대) 26, 27
독일 25, 27, 41, 55, 57, 59, 96, 98, 99
독점자본주의 25, 26, 75, 81
동독 58, 124, 125
《동유럽에서의 계급투쟁》 125, 138

ㄹ

레닌, 블라디미르(Lenin,

Vladimir) 25, 26, 29, 40, 43, 47, 83

루마니아 57, 60

룩셈부르크, 로자(Luxemburg, Rosa) 134

ㅁ

만델, 에르네스트(Mandel, Ernest) 64, 65

말라폐예프, A M(Malafeyev, A M) 43

몰로토프, 뱌체슬라프(Molotov, Vyacheslav) 60

미국 25, 27, 29, 32, 56, 57, 99, 105, 109, 118

밀너, 앤드루(Milner, Andrew) 95~100

ㅂ

베빈, 어니스트(Bevin, Ernest) 110

베트남 91, 98~100

변질된 노동자 국가 55, 63, 67

볼셰비키 39~43, 76

부르두체아, 콘스탄틴(Burducea, Constantin) 61

부하린, 니콜라이(Bukharin, Nikolai) 26, 29~38, 42, 47, 75, 76, 79

불가리아 57, 60, 125, 128

불변자본 120

불황 25~27, 118~121

빈스, 피터(Binns, Peter) 104~108

빗나간 연속혁명 92~101

ㅅ

사용가치 28, 34, 38, 71, 74, 75

사유재산 18~23, 80

사적 소유 18, 19, 50

사적 자본주의 20, 96

사회공학 94

사회구성체 11, 76, 104

사회적 자본 19, 21, 22

사회주의노동자당(SWP, 미국) 56

사회주의노동자당(SWP, 영국) 69

상호회사 19, 20

생산관계 11, 134

생산수단 12, 14, 18, 28, 79, 106, 120, 121, 123, 124, 127, 129

샤트먼, 맥스(Shachtman, Max) 56, 105, 106, 108

《소련 국가자본주의》 69, 70, 106

《소셜리스트 리뷰》 69

소외 12, 13, 23, 77, 102, 129
스탈린, 이오시프(Stalin, Iosif) 43, 45, 46, 50, 52, 53, 55~58, 61, 72, 79, 85, 100, 109, 130
시초 축적 44, 45, 109
신경제정책(NEP, 네프) 42, 51
신디케이트 47

ㅇ

엥겔스, 프리드리히(Engels, Friedrich) 10, 20~22, 24, 35, 70, 80, 85, 89
연대노조(폴란드) 116, 133
연속혁명 89~101
영국 25, 39, 40, 57, 60, 69, 87, 99, 110, 111
유고슬라비아 57, 58, 64, 67, 68
육체노동 77
이윤율 25, 30, 119, 121~124, 127~129
인도 87, 98
인민민주주의 59~61
일국사회주의 43, 46, 130
일본 25, 27, 96, 98, 99
임금노동 102~117
잉여가치 17, 45, 74, 80, 81, 104

ㅈ

자급자족 경제 130~133

《자본론》 8, 34, 38, 112, 113
자본의 집적 14
자본의 집중 19, 21, 27, 31, 35
자유 노동 106, 108~110, 116, 117
전시경제 35, 74, 75
정신노동 77
제1차세계대전 26
제2차세계대전 27, 53, 57, 99, 109
제4인터내셔널 56, 64, 66~68
《제국주의》 25
좌익반대파 48
주식회사 19, 66, 73, 74, 81, 105
중국 9, 85, 91, 98~100, 130
중국 혁명(1927년) 91, 99

ㅊ

처칠, 윈스턴(Churchill, Winston) 57
철위단 61
체코슬로바키아 58, 59, 62, 124, 125, 128

ㅋ

캄보디아 85
캘리니코스, 알렉스(Callinicos, Alex) 108, 110, 111

코우바, 카렐(Kouba, Karel) 124

쿠바 91, 98, 99

클리프, 토니(Cliff, Tony) 7, 69~88, 92~100, 105~108, 111~113, 116, 117

ㅌ

터터레스쿠, 게오르게(Tătărescu, Gheorghe) 60

트러스트 21, 25, 26, 31~33, 35, 47

트로츠키, 레온(Trotsky, Leon) 42, 46~54, 55, 56, 63~68, 69, 83, 89~91, 93, 95, 96, 99, 101, 119

《트로츠키의 마르크스주의》 95, 96

티토, 요시프 브로즈(Tito, Josip Broz) 67

ㅍ

《평가와 전망》 89

폴란드 55, 58, 64, 116, 118, 125, 127, 128, 131~133

프라하 쿠데타(1948년) 62

프랑스 99, 125

프롤레타리아 독재 76

핀란드 55, 56

필요노동시간 34

ㅎ

하먼, 크리스(Harman, Chris) 125, 126, 131, 138

핼러스, 던컨(Hallas, Duncan) 95, 96, 105, 106, 110

헝가리 10, 57, 124, 127, 131

헤인스, 마이크(Haynes, Mike) 104~106, 108

호주 19, 20, 95

흐루쇼프, 니키타(Khrushchev, Nikita) 118

히틀러 46, 55, 61